古玉集釋

古玉匯觀續

古玉器鑑定師的收藏寶典

蔡國樑 主編

目錄

自序

　　寫了古玉匯觀後，感覺對描述古玉的用途仍有不足的地方，以及近二十餘年來一些想收藏與正在收藏古玉的朋友，經常受到不正確的鑑玉觀念而誤入收藏歧途，不僅損失錢財，事後要想導正觀念著實不易，如觀念錯誤所收藏的古玉自然贗品居多，如此只能在贗品圈內自我感覺良好，藏品難登大雅之堂。因此再集各類古玉實物拍照，以用途為主並參考相關古籍資料，彙整編著本「古玉集釋」。

　　在七十年代之前，較少聽過收藏界有收到古玉贗品，大都是斷代問題，例如將宋、明玉器斷為漢代，或將漢代玉器定為宋、明，因為宋、明這兩個朝代由漢人統治，自然憧憬漢、唐盛世，中國人對和闐玉有一種難以言表的鍾情，所以宋、明的玉雕風格、紋飾大都來自戰國、西漢。當時出土秦漢的古玉少之甚少，難以窺其真貌〈本書收錄的玉器圖片，大都是來自購藏者最初的形態風貌，較易瞭解古玉沁色與受土中環境的影響〉。宋代重文輕武自金石學興起，當朝者好仿商、周青銅器與戰國、西漢玉雕紋飾、風格，並偏好秦漢出土的黑色沁痕〈也就是拙著古玉匯觀所述的「大坑水銀沁」〉，此時玉雕為仿製黑色沁痕，多以提油方式來製作水銀沁色，因此在那年代難免會以沁色、紋飾將宋代玉器誤判為漢代玉器。

　　近聞兩岸古玉收藏界亂象叢生，究其原因不外乎不明鑑識，並以利為導向，最終都留連於贗品市場。最常見的是，1. 無法辨別沁色 2. 否定漢之前的玉雕工藝 。一九八〇～一九九〇年代流行收藏古玉，藏家因不識沁色常購藏贗品，因此多轉向購買明、清白玉，當時明、清白玉與和闐玉料價格上漲數倍且市面缺貨，在需求若渴的情況下出現以新雕青海料拋亞光的白玉來仿明、清白玉，並爭相鬥白，玉商藉此機會吹捧死白的俄料來代替和闐玉料，俄料又開始上漲。2004 年又逢國際奧會決定 2008 年奧運在北京舉辦，主辦國決定奧運獎牌以局部和闐玉鑲配，限於和闐玉材料難尋且不符合成本的因素，權宜之計以青海料代替，無奈青海料已水漲船高，最終只得以俄料權充和闐玉，以致後來才有「泛和闐玉之說」。

　　説到無法辨別古玉沁色，我就想到約在十多年前有次偶然看到台灣的電視鑑寶節目，主持人邀請來賓拿了一只白玉班指來鑑定，鑑定前已詢問來賓，當初是花新台幣二萬元購買的，經儀器鑑定後公佈價值只值新台幣二仟元，來賓一臉疑惑問怎只值二仟元，答曰：「這是染色的。」來賓又問：「這是和闐玉嗎？」回答說：「是和闐玉。」來賓很有風度的笑了笑沒再出聲，由此可看出來賓對鑑寶結果並不滿意。我從銀幕就可判出班指是清代上好的白玉〈是否是羊脂玉還需上手觀察〉，局部有黃香沁痕，以當時市價至少新台幣五萬元以上，可見鑑寶者不識沁色，儀器也無法辨別沁色，因為沁色也是染色的一種現象，只是儀器無法辨出是人工染色還是大地亙古的自然染色，台灣如此，大陸電視古玉教學也充斥此現象。

　　至於，否定漢之前有古玉，因為最近幾年發現有些人手中沒幾件玉器，也許看了幾本書，就自認為是鑑定古玉的能手，對外堅稱自古並無高古玉器，否認秦漢之前有琢玉工藝，謂漢之前並無鉈具，自無法雕出鬼斧神工的紋飾，若如他所說，則出土的南越王玉器、周原玉器、婦好墓玉器、曾侯乙玉器、以及紅山、龍山、良渚、石家河等文化期玉器又如何解釋？如何自圓其說？當然現今社會為反對而反對的人，大有人在，有這種觀念的人如果開班講課將誤導新進學習古玉之人，其藏品自然乏善可陳。

　　也因近幾年來看到些匪夷所思之事，有一小撮人為人解釋和闐玉紋理，描述和闐玉用放大鏡可看出蘿蔔絲紋，如沒有蘿蔔絲紋就不是和闐玉，導致一些學古玉者對蘿蔔絲紋趨之若鶩，只要看到似玉的石頭，就拿放大鏡找蘿蔔絲紋，其實蘿蔔絲紋只是田黃石的紋理（也非每件田黃都有蘿蔔絲紋），是辨別田黃石的方法之一，閃玉類的玉石只有棉絮狀或雲霧狀的紋理，當然看不到甚麼蘿蔔絲紋，這也是古玉收藏界亂象之一。

　　談到古玉鑑定，最重要的是神形兼備，每件古玉都有它琢磨製作時的時代背景，這種時代背景是崇文、是重武、是攻伐、是巫術還是神秘冷酷，都會隱藏在玉雕紋飾及器形中，所以鑑古必定需瞭解一些當時統治下的社會氣氛。例如戰國楚玉有豪華紋飾，刀工犀利，秦國玉器稀少，紋飾簡易，西漢早期百廢待興，所以高祖尚儉不怎興玉器，以上種種都需待我們瞭解後，對古玉才有進一步的認識。

　　所謂神形兼備，指的是這塊玉除形式為器名外〈如璧、璜、環〉還琢出神韻，神韻初聽起來有點抽象，瞭解後就不覺抽象了，主要是形容其時代背景、紋飾，清晰表達了年代風格、雕琢動物栩栩如生等。舉個例子說，自宋代起就有仿古作坊，當時仿古也只能仿其形而無法仿其神，但宋代仿古只是好古，而少有圖利之事，現在看宋仿戰國玉器，紋飾雖是戰國，但不難看出有宋的時代風格，這是由於戰國與宋朝的社會人文及政治背景大不同的關係。除了神韻之外，再深入一點就談到靈，靈不是玄學，說白了就是「氣」，也就是古人說的「望氣」、「靈氣」，能看出一件古玉有無靈氣，那是高手，少之又少，除了靠後天培養外，還需有些天賦，比如說書畫家，大凡書畫家必定詩、書、畫，印一體，也就是能詩、能書、能畫，還能篆刻金石印鑑，能詩、書、畫可理解，為何還要能篆刻，因為書畫家作品都須用印，印款多是自己的名、號、閒章等，請人篆刻總感到少了點甚麼，說形有形，說神也有點神，但總感到缺了甚麼？說不上來，其實說穿了就是缺少了「靈」，這個「靈」就是「靈氣」、「靈魂」，中國書法，看起來沒神就不值了，有神沒靈只有書法家自己看得出來，所以乾脆自己來刻，說神有神，說格有格，還有不為人道的「靈」，現在人很難瞭解，刻個印章只圖便宜、快速，隨刻隨拿，機器刻的一般只有其形而無格，更遑論「神韻」與「靈氣」了。

　　最後奉勸各位不要隨便請人鑑定你的收藏品，要找的人一定要有相對的收藏品及多年的收藏經驗。例如說你想請張三鑑定你收藏的商、周青銅器，事先要知道張三收藏多少器型的商、周青銅器，每種器型有幾件，有銘文的有幾件，對紋飾、銘文、鏽色、用途與時代背景瞭解多少等等，如果張三沒有收藏你想要鑑定的器物，他又如何能斷定你藏品的真偽。所以收藏鑑定必是要勤練功夫，世上最好的老師就是你自己。

　　本書藏品圖錄承蒙各不具名收藏家、古玩商及本會會員吳振仲先生、何滄霄先生、鄭偉華先生、鄭松林先生、廖元滄先生、陳明志先生、林振宇先生、謝傳斌先生、徐嘉慶先生、洪沛璔先生、吳土城先生、曾傑先生等人提供，且大都是購藏者第一手照片，未經清洗、盤玩，保留最原始風貌，在此深表謝意。

　　書中如有錯誤、遺漏、待考證之處必是在所難免，尚乞學者指正補足。

第一章 禮樂用器

琮

　　「琮」音「從」，《周禮・春官・大宗伯》有記載：「以玉作六器，以禮天地四方，以蒼璧禮天，黃琮禮地…」學者的解釋是：琮是祭地的禮器，而且是用黃玉作的素琮。古籍記載琮的形狀是：「狀正方，穿中央，達四方」就是外方內圓，代表天圓地方，用以祭祀大地，希望土壤富饒，年年豐收，這在古代人民靠天吃飯，也還說的過去。也有學者從《周禮・冬官・考工記》：「大琮十有二寸，…宗后守之；瑑（音賺）琮八寸，諸侯以享夫人。」的記載認為琮除了祭地，它還是宗后及夫人的瑞玉，再引申為代表宗后的權力。

存世的琮有很多,從新石器時代到商周,甚至漢都有〈漢以後都是仿古之作〉,紋飾從素面到繁複的神人獸面紋,再演變成簡單的線條紋飾,說明了流行是從素到繁,從繁到簡。形制從長、短到大、小都有,有祭祀用琮,有裝飾用琮,也有小到成為組珮中的配件〈良渚文化出土的琮就有說明這點〉。

圖 006 / 017
良渚文化 |
神人獸面紋十七節玉琮

高 45 公分 射徑 9 公分

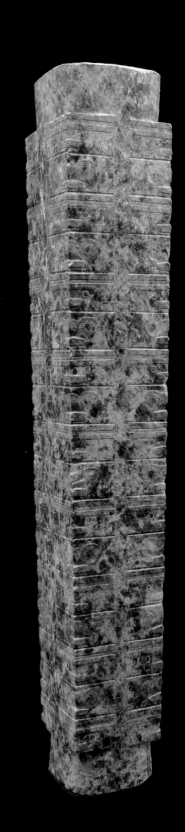

圖 007 / 018

良渚文化｜神人獸面紋九節玉琮

高 23.7 公分　射徑 12.2 公分

　　琮到了東周以後，由於禮崩樂壞，祭祀用的禮器，也就逐漸退出歷史舞台，到漢時玉琮已完全變成佩飾用的琮了，當然也有用作陳設器的琮，宋以後更有瓷器做的琮。

圖 009 / 506

良渚文化｜黃玉神人紋五節琮

高 13 公分 射徑 7.8 公分
內徑 4.5～4.6 公分

璧與系璧

在玉器中，中間有孔像餅狀器的均稱為璧，類似璧的圓狀玉器還有環、瑗、玦等三種，《詩經·爾雅》有具體的標準：「肉倍好謂之璧，好倍肉謂之瑗，肉好若一謂之環。」所謂「肉」就是器上玉的部份，當中的孔就是「好」，簡單的說，孔小的是璧，孔大的是瑗，孔跟「肉」一樣大的是環，另外像環有缺口則稱玦，除了璧以外，其餘3件大都是佩飾器。

圖 153 / 201

西漢早期｜
白玉四靈紋雙龍出廓璧

高 27 公分　璧徑 13.6 公分
可參考 1968 年河北滿城
縣中山靖王劉勝墓出土雙
龍出廓拱璧

圖 087 / 192
戰國｜白玉浮雕螭鳳紋大璧
直徑 21.9 公分 厚 0.5 公分

　　早期的大璧是祭祀用的，無紋飾，大都用於祭天，所以璧是根據天色來選材，所謂悠悠蒼天，用一塊青色的玉琢成璧來祭天，代表對天的尊敬。

　　商周之璧除極少數之外，亦以素面居多，同樣主祭祀。到了春秋戰國以後，還用來作為政治上餽贈的禮物，或訂盟約或嫁娶之信物，《戰國策》：張儀為秦破從連橫說楚王，楚王乃遣使車百乘，獻雞駭之犀，夜光之璧於秦王。

　　戰國至漢是璧的黃金時期，除了數量多是歷代之冠，紋飾也最複雜、精美，以穀紋、乳丁紋、雲紋、蒲紋、雙身獸面紋較普遍，另有難度較高的鏤空璧、出廓璧等以及高浮雕螭龍、螭鳳、穿雲螭，或螭、熊、水猴嬉戲等。紋飾構圖不僅複雜且琢工精美，地子平勻，打磨光滑，令今人嘆為觀止。

圖 172 / 173

西漢｜白玉穀紋螭龍出廓璧

高 14.3 公分

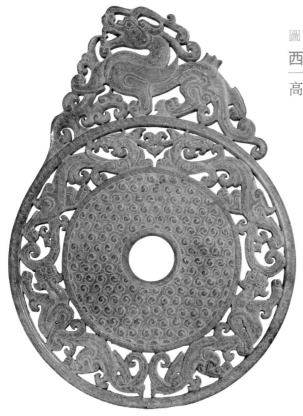

圖 221 / 510

西漢｜白玉鏤雕雙龍螭虎紋出廓璧

高 16.5 公分 寬 11.7 公分

圖 217 / 449

**西漢早期｜
黃玉狩獵紋雙鳳出廓璧**

長 12.2 公分 直徑 9.5 公分

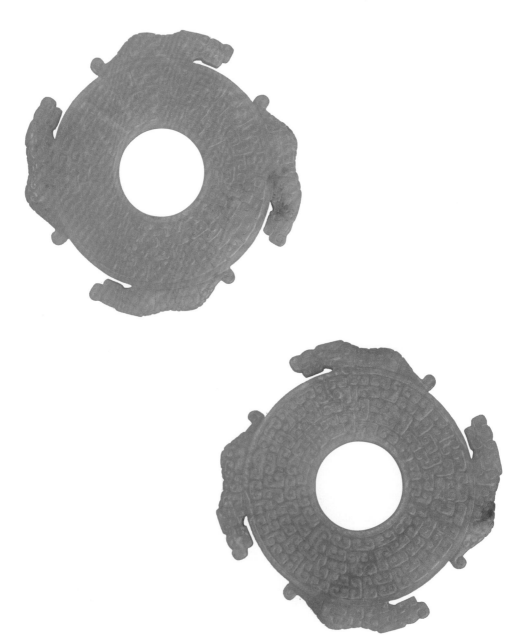

圖 124 / 547

戰國早期 |
白玉龍首紋四虎出廓璧一對

直徑 10.6 公分　全長 13.2 公分
厚 1.1 公分

圖 125 / 545

戰國｜白玉鏤雕龍紋出廓璧

高 20.9 公分 直徑 15.4 公分

　　系璧是一種小璧，專供佩飾用的，《說文解字》言及系璧，清代段玉裁注：「系璧蓋為小璧，系帶間，懸左右佩物也。」系璧可說是小型璧、環、瑗之統稱，不需依「孔」的大小，來細分出系璧、系環或系瑗，一律稱之為系璧。存世的系璧，各類型均有，較早的系璧大都無紋飾，尤以環的形態居多，當時只是做為胸飾或頸飾的配件之一，到了春秋戰國，才流行做單獨的佩飾，且多有紋飾，形制有環形、瑗形、璧形，為便於佩戴形狀多作片狀，紋飾有雲紋、桓雲紋、龍首紋、鳥紋、乳丁紋、穀紋、扭繩紋、蟬紋以及浮雕動物紋等。

圖 108 / 356

戰國｜白玉螭龍戲水猴紋系璧

外徑 5.5 公分

水猴子，亦稱水獅鬼，頭似猿猴，身型似現在所稱的樹獺，四肢有長利爪，是一種生活在水中的傳說生物，民間都稱之為「水鬼」，其在水中力大無窮，會把落水或在水邊的人拖入水中溺斃。

圖 222 / 533

西漢│白玉螭龍戲水猴紋系璧

最寬處 5.5 公分

圖 216 / 448

西漢│白玉三螭龍戲水猴紋出廓璧

高 11.4 公分 直徑 9.4 公分

圖 170 / 163

西漢｜白玉穿雲螭紋出廓系璧

高 6.8 公分

圖 163 / 118

西漢｜白玉穀紋系璧

直徑 5 公分 厚 1 公分

圖 118 / 443
戰國早期｜
白玉變形雲紋系璧

直徑 4.4 公分

圖 223 / 622
西漢｜白玉螭龍環

高 6 公分　寬 5.8 公分

環與瑗

《詩經・爾雅・釋器》：「肉好若一謂之環」，環的形狀類似璧而孔較大，瑗則類似現代的鐲子。而璧、環、瑗三者，以瑗出現最早，環次之，璧又次之。

環的用途，主要是佩飾，有時繫在頸上，垂於胸前，但大多是繫於腰間，垂在腰帶下。瞿中溶《古玉圖錄》說：「……天子行步，則有環佩之聲。注云：環佩之環，佩玉也，所以為行節也。」《玉藻》曰：「進則揖之，退者揚之，然後玉將鳴也。」這就是形容腰間的佩環，行走時可聽到玉的碰撞聲。環與瑗一樣，有時也用為兩物連結器之媒介，如出現於宋明的袈裟環、漢代的帶鉤環等。

圖 197 / 366

西漢｜白玉鏤空螭紋環

直徑 8.9 公分
可參考南越王墓出土的
螭紋環及陝西歷史
博物館收藏的西
漢夔龍紋玉環

圖 191 / 338

西漢｜
白玉鏤空雕龍鳳紋大重環

直徑 16.8 公分
可參考南越王墓龍鳳紋璧

圖 010 / 508

良渚文化｜青黃玉環

外徑 10.5 公分　內徑 5.4 公分
厚 1.1 公分

圖 105 / 340
戰國｜白玉鏤空雙龍環

外徑 10.8 公分

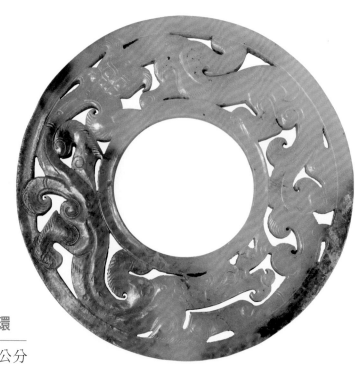

圖 126 / 522
戰國｜
白玉鏤雕龍螭追逐紋環

直徑 8.4 公分 厚 0.5 公分

圖 073 / 409

戰國早期｜變形龍首紋大玉環

外徑 18.3 公分

圖 093 / 255

戰國｜青黃玉饕餮鉤連雲紋鐲

外徑 7.2 公分 內徑 5.8 公分

　　「瑗」是臂飾，早期的瑗，一般是平面板狀體，邊緣較薄，近孔處較厚，並不符合佩戴，後來「肉」的寬度漸漸減少，厚度漸漸增加，最後斷面逐漸成為圓形或橢圓形，一如現在的鐲，所以鐲是由瑗演變而來的。其實環也是瑗衍生來的，如戰國的瑪瑙環（也有瑪瑙系璧）都是邊緣較薄而中心近孔處則較厚。

圖 047 / 320

西周｜白玉雙龍紋瑗

外徑 7 公分 內徑 5.8 公分
高 2 公分

圖 224 / 504

西漢｜白玉鉤連雲紋鐲

外徑 8.5 公分 內徑 6.7 公分

圖 011 / 505

良渚文化｜
青黃玉兩節神人紋鐲

高 3.5 公分 外徑 8 公分
內徑 7.1 公分

圭璧

　　圭璧是一個圭、一個璧的合制，有關古籍的記載有《周禮·考工記·玉人》：「圭璧五寸，以祀日月星辰。」《周禮·典瑞》：「圭璧，以祀日月星辰。」，《周禮·禮象》曰：「圭邸璧，則以青圭插蒼璧；璋邸琮，則以赤璋插黃琮」，《詩·大雅·雲漢》：「靡神不舉，靡愛斯牲。圭璧既卒，寧莫我聽」。宋代《朱熹集傳》：「圭璧，禮神之玉也」。唐代封演《封氏聞見記·紙錢》：「按古者享祀鬼神有圭璧幣帛，事畢則埋之。」

　　以上有關圭璧的典籍都沒有說到圭璧是「一玉俱成」，還是兩件玉組成。目前尚無圭璧出土的記錄，存世的圭璧都是東周以後的玉器，很可能是製玉人根據鄭注製作出來的，尤其宋以後的圭璧，有的其上還雕琢七星圖，都屬道教用玉，不能代表古籍所稱的圭璧。

圖 072 / 375

戰國早期｜白玉雙龍雙虺紋圭

高 25.2 公分 底寬 7.2 公分

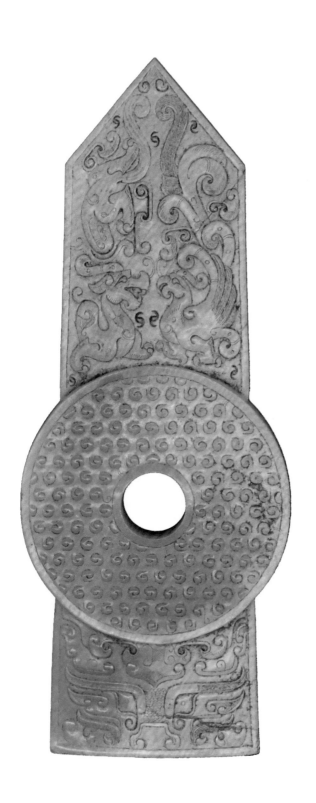

圖 154 / 207

西漢早期 |
白玉螭龍鳳穀紋圭璧合一

高 18.6 公分

考據前述古籍，筆者認為圭璧是商晚期至西周早期的禮器，流行時間很短，祭祀禮儀完成後則埋藏於深山或沉於潭水中，故存世很少，戰、漢時代王侯喜好依據古禮，以玉製成商周時代之禮器，以為封禪或陳列或政治餽贈之用，所以後來出土戰、漢的圭璧，大都屬這一類的為多。

圖 194 / 354

西漢 ｜ 白玉饕餮穀紋圭璧合一

高 15 公分

璜

　　《周禮·春官·大宗伯》：「半璧曰璜，象冬閉藏，地上無物，唯天半見。」這是人們看到璜像半個璧，才形容它，而不是製璜的時候，拿璧來剖成兩塊。甲骨文有「出虹飲於河 」的記載，那志良先生支持虹飲之說，認為璜是由虹演變而來，雨後虹從天而降，古人不知是何物，想如此美麗，必是天上神物，彎著腰像是在那喝水，於是繪了形狀，這形狀與璜是一樣的，這是虹飲之說的由來。

　　原始文化的璜，與璧是毫無關係，例如南京出土的新石器時代青蓮崗文化、北陰陽營遺址出土的璜（請參考《古玉匯觀》第九十二頁圖035／388），與璧的形狀毫無關係，而十分像虹。但有些遺址出土的玉器形狀卻像半璧，於是璜為「半璧」之説由此而來。

圖 086／190

戰國｜白玉螭虎鹿紋四聯璜

高 6.3 公分　寬 12.7 公分
老土大紅

　　早期的璜是素璜，良渚時已開始加刻圖騰，至殷商起已有在一端雕出龍首或獸首，當時的用途可能僅是佩飾，自周代禮儀制度興起，璜就成為六器之一，《周禮・春官・大宗伯》記載：「以玉作六器，以禮天地四方，蒼璧禮天，……以玄璜禮北方。」所以璜是用來祭祀北方的。

　　另有一種佩璜，形狀較小，有穿孔，大都有紋飾，做佩飾用。商代的佩玉，喜歡作璜形，由素璜發展到刻人紋、獸紋、鳥紋、魚紋等紋飾。璜形珮在商代普遍使用，其形一直傳到春秋戰國仍被沿用著。尤其是戰國佩璜，更以鏤空、出廓技法來裝飾紋飾，琢工繁複，幾乎到了無以附加的地步，如果以空前絕後來形容，亦不為過。那時已不再只是佩戴使用，大型的璜除可供裝飾、餽贈之外，也做訂約、嫁娶的信物。

圖 008 / 361

良渚文化｜獸面紋璜

高 4.4 公分　長 9.2 公分

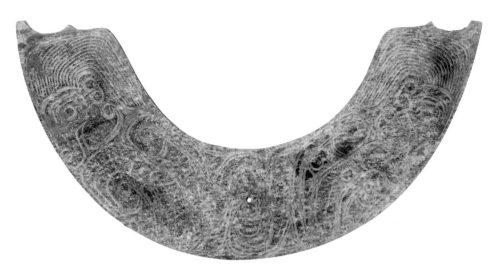

圖 053 / 538

西周｜青黃玉雙人首獸身璜

長 12 公分 寬 2.8 公分

圖 054 / 523

西周｜青黃玉雙人首璜

長 10.2 公分 寬 3.1 公分

圖 127 / 705

戰國｜青黃玉雙龍首齊字璜

高 5 公分 寬 17.7 公分

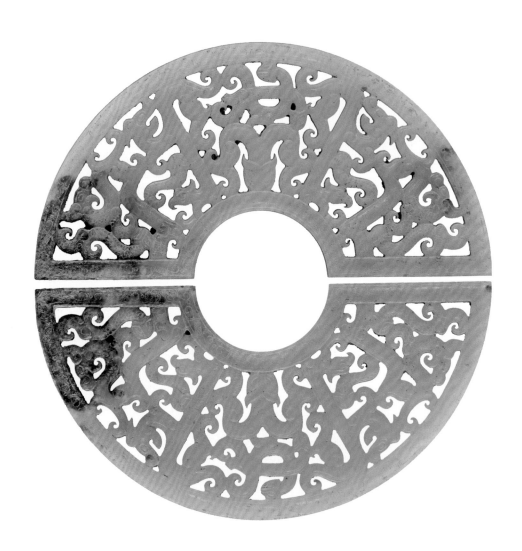

圖 111 / 413

戰國｜白玉透雕龍虺鳳交錯紋半璧璜一對

直徑 13.9 公分　高 7 公分

圖 085 / 189

戰國｜白玉鏤空翹浮雕龍紋半璧璜一對

直徑 15.3 公分 高 9.5 公分

鉞

　　鉞屬於斧的一種，青銅斧使用日久，從經驗得知，刃愈寬，砍殺起來愈有功效，漸漸地就出現了寬刃的斧，那就是「鉞」。

　　早期銅鉞的形狀，都是板狀體，當時的玉鉞也是一樣，玉鉞不是用來砍殺的，而是軍事權力的象徵，古籍就有記載：武王伐商紂王在牧野誓師時「左持黃鉞，右秉白旄」。因此玉鉞也成了權杖的代名詞。玉鉞在成為軍事指揮權的象徵之後，便轉向禮儀方向發展，實用功能日趨降低。到了戰國，玉雕的鉞已完全成為裝飾品，並蓄意增強玉鉞的觀賞性，因此形制和紋飾愈來愈追求奇特、華美，出現許多異形鉞，形狀也從板狀體走向淺浮雕、高浮雕及鏤空雕的半圓體。紋飾也從素面、饕餮紋走向螭龍紋、螭鳳紋、四靈獸紋等等。

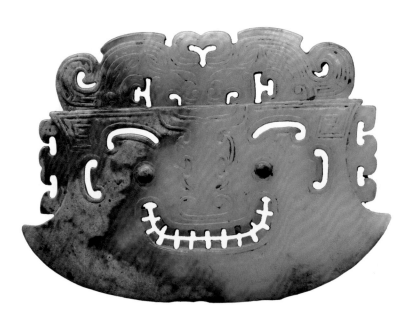

圖 023 / 363

商代｜白玉饕餮紋鉞

高 8.1 公分 寬 11.6 公分
可參考山東博物館青銅鉞

玉牙璧──璿璣

　　玉牙璧：吳大澂《古玉圖考》稱「璿璣」是天文儀器中，渾天儀上面用來觀星宿的，外廓有機牙三節，用來鈐物使它運轉，學者多附會其說，那志良先生則認為與天文儀器無關，它是由「戚」演變而來，應稱「戚璧」，謝君儀先生則稱為「羨璧」，屬璧的一種，也有學者從《周禮》上片段記載推論為禮樂器，可能同時帶有宗教上的意義，《周禮・春官・典瑞》記載：「璧羨以起度…」，《周禮・冬官・考工記》載：「璧羨度尺，好三寸，以為度」，這個「璧羨」就是那志良先生所稱的「戚璧」以及謝君儀先生所稱的「羨璧」，這句話的意思是：「璧的直徑是一尺，當中的孔便以三寸為度」，但是現代人會覺得用圓形器做尺是不適合的。

　　戚璧本是禮儀上的用器，原由斧演變而來，但不需要砍殺，存世的戚璧刃部並不削薄，像一塊璧周圍削成三至四角再加上一些戚齒而已，戚璧的形式於焉形成，並漸漸定型，同時專重外觀的美，後來戚角及戚齒也變形了，它以祭祀型態轉成裝飾所需的圖騰，如蚩尤環、蟬紋環等。不論「戚璧」還是「璿璣」或是「璧羨」、「羨璧」，其外觀都是大同小異，大都出土於商周墓葬或龍山文化遺址，實際用途尚待進一步的出土資料查證。

　　已故的著名考古學家夏鼐先生在晚年根據考古發掘出土的大量玉璿璣，進行深入研究，認為它與天文儀器完全無關，而是一種裝飾品，可能帶有禮儀上或宗教上的意義，並正其名為「牙璧」。

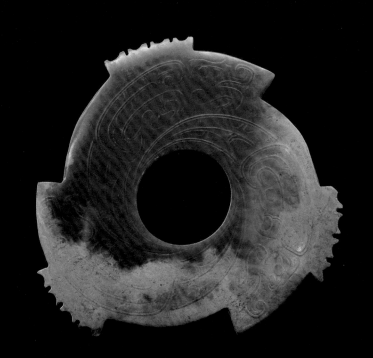

圖 018 / 315

龍山文化｜青玉璿璣

最寬 12.7 公分
西周改雕紋飾。可參考南京博物館藏龍山文化玉牙璧

圖 193 / 351

西漢｜白玉鳳紋羽觴杯

長 12 公分 高 2.7 公分

第二章　陳設器及餽贈賞玩器

羽觴杯

　　羽觴杯又稱耳杯，形狀似橢圓淺腹的杯子，兩長邊上有長形扁耳，便於手持。它的來源是由半個匏變化而來的，古人用半個匏作為飲器，後來演進改用木胎上漆，這種漆製耳杯一般都描有雲氣紋、螭鳳紋、龍紋等紋飾，是東周王侯、貴族、士大夫常用的飲器〈祭祀時仍沿用青銅爵〉，天子則用玉製羽觴杯以表尊貴〈也有用玉羽觴賜給有功的臣子〉，漆製羽觴杯流行於戰國消逝於南北朝。

　　羽觴杯除了玉製，還有銅製、漆製、水晶製等，玉製、漆製都是飲器，銅製羽觴可兼作溫器。從目前出土的資料看，玉羽觴多出於戰國墓葬，紋飾多為饕餮紋、穀紋、鉤連雲紋、螭龍紋、鳳紋等，也有光素無紋的。漢代墓葬還沒有考古發現玉羽觴的蹤跡，傳世的漢代玉羽觴杯卻有一些，漆製羽觴倒是不少，東漢以後羽觴杯就逐漸退出歷史舞台，代之而起的是以金銀、陶瓷、竹木製成的飲杯。

圖 100 / 314

戰國｜白玉鉤連雲紋羽觴杯

長 10.7 公分　寬 7.9 公分
高 3.1 公分

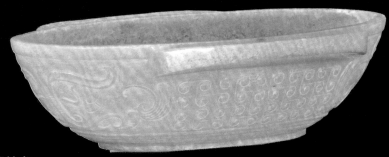

圖 084 / 153

戰國｜白玉獸面紋羽觴杯

長 11.6 公分　高 3 公分

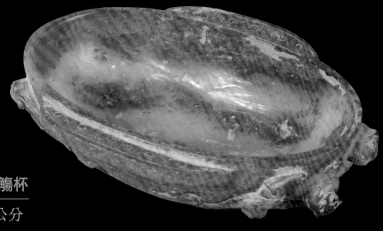

圖 225 / 535

西漢｜白玉四靈獸羽觴杯

長 13.5 公分　高 3.5 公分

圖 128 / 541

戰國｜白玉甕

高 19 公分 口徑 14 公分
底徑 9 公分

圖 233 / 512

西漢｜白玉長樂活鈕螭紋香薰

高 10 公分 口徑 8.7 公分
外徑 10 公分

圖 132 / 546、900

戰國｜白玉雙龍戲珠盛露盤一對

直徑 14.3 公分 高 17.5 公分
匙長 13.7 公分

角形杯

　　「玉角形杯」是將玉雕成中空牛角形狀，可用來盛酒的杯子，但由於底端是斜尖形，只能平放，玉雕成尖形容易崩斷，且又限於玉材的形狀，所以將尖角修飾得如羊角般捲曲的扭繩紋，還可利用角端卷曲的空隙繫上細繩佩掛身上；杯面上浮雕或高浮雕紋飾，如夔龍紋、夔鳳紋、穀紋、雲距紋等。

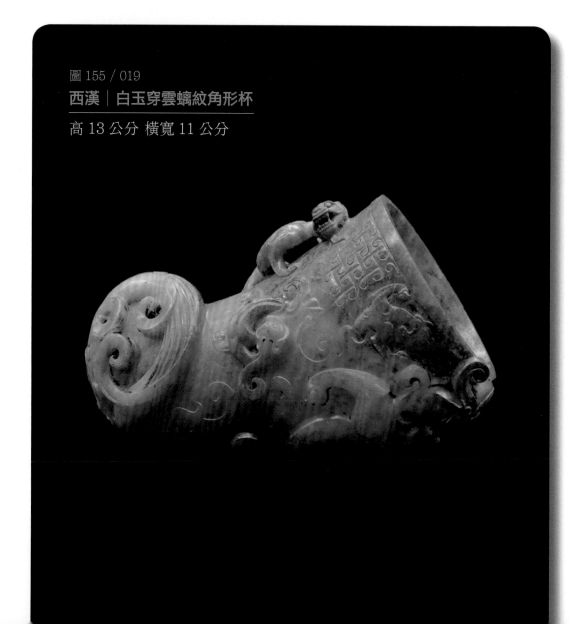

圖 155 / 019
西漢｜白玉穿雲螭紋角形杯
高 13 公分 橫寬 11 公分

玉角形杯出現於戰國晚期及西漢早期，據說戰國時代將士出征時，君王都以巹酒為將士送行，有君王以玉角形杯盛酒對主帥許諾，若凱旋歸來必封一等公爵，當時一等公爵地位在諸侯之上，而主將卻回答說：公爵可以不要，但求賞賜玉角形杯一只，後來果然凱旋歸來並獲玉角形杯，爾後玉角形杯又稱「凱旋杯」、「戰功杯」，亦是最高榮耀的象徵。

廣州南越王墓出土一只玉角形杯，高 18.4 公分，口徑 5.8~6.7 公分，口緣邊較薄，厚僅 0.2 公分，重 372.7 公克。杯身斷面為橢圓形，尾端向後上方轉折又分為二，分別向左右兩方向捲曲，並琢出扭繩紋。玉角形杯出土數量有限，傳世更少，這只玉杯的出現不只證明傳說中玉角形杯確實存在，也說明玉角形杯的標準器型，可謂是玉角形杯的代表，其出土也考證了台北故宮博物院所藏西漢玉角形杯的年代。

圖 190 / 337

西漢｜黃玉浮雕龍紋角形杯

高 14 公分
可參考台北故宮博物院所藏
玉角形杯

圖 226 / 511

西漢｜黃玉浮雕龍紋角形杯

高 17 公分 寬 9.7 公分

圖 227 / 531

西漢｜青黃玉螭鳳龍紋角形杯

口徑 4.8 公分　高 14 公分

※ 另有一種來自西亞、希臘地區類似角形杯的祭酒容器，稱之為來通杯。

圖 228 / 515

西漢｜白玉羊首來通杯

長 10.5 公分　高 4.7 公分

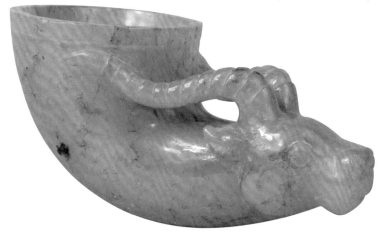

玉奩

「奩」音「連」，閨閣中供婦女儲放脂粉之用，大都以漆器製成，形狀為矮直筒形，三足，有蓋，有的附圈形柄，有的無柄，有些人把它與「樽」相混淆，「樽」是古代的盛酒器具，源自於商周青銅器「尊」，玉製的「樽」一般無柄，形狀也是直筒形，筒身較高，到漢朝時有高筒、矮筒等形式的樽。

商周未見有青銅器的奩，漆器製的奩流行於戰國、漢朝，多以竹木為胎，玉製的奩很少是實用器，大都是供陳列、餽贈、炫富及把玩之用。

目前出土最精美的玉奩，要算是（傳）洛陽金村古墓出土的戰國銅嵌玉鉤連雲紋玉奩，以整塊玉掏琢成筒狀，兩側各有一圓形柄與一扣環，奩上覆玉蓋，蓋沿用黃金鑲鈕，金鈕上立三只朱雀，金鈕上另臥有青龍、白虎、玄武，現藏於美國哈佛大學福格博物館，公認是二十世紀傳入美國最精美的玉器之一。

長沙馬王堆 1 號西漢墓出土一面渦紋地蟠螭紋鏡，出土時盛放在奩盒內，有紅絹鏡套，鏡鈕上繫有絳色絲帶兩條，從中可以得知，奩是閨中婦女盛放脂粉之器，漆器奩為貴族婦女用器，玉奩為皇族婦女所用，因為它是生前使用之器，所以選材一流且紋飾精美。

圖 210 / 417

西漢早期
白玉高浮雕穿雲螭帶蓋盒

高 10.5 公分 底徑 10.1 公分

玉卮

　　卮是古代裝酒用的一種器皿，形狀為直筒形，主要有玉卮、漆卮等，玉卮是用整塊玉掏琢而成，有的有足有蓋，有的無蓋或平底，附圈形柄或圓鋬手，也有的無柄的，從形制上看應是高足杯與玉奩的合體，很可能是高足杯參考玉奩形制衍生出來，它與玉奩不同的是，玉奩形似圓筒而矮胖，玉卮形也像圓筒，但形瘦高，外壁均雕琢精美的紋飾，紋飾多為鉤連雲紋、穀紋、螭虎、朱雀、螭鳳紋、T字紋等，盛行於戰國，至漢朝已很少見到蹤跡，傳世及出土的玉卮均不多見。

圖 075 / 021

戰國 至 西漢早期｜
白玉帶蓋鉤連雲鳳紋卮

高 12 公分 底徑 5.4 公分

圖 147 / 020

秦代｜白玉柿蒂紋帶蓋卮

高 11.4 公分

以玉取代的青銅禮器

　　戰國時期，禮崩樂壞，玉器不再是王侯的專屬，一般富賈只要有財力，均可競相擁有，所以玉器成為當時訂約、嫁娶的信物，也是作為秘密外交的餽贈，更是諸侯、邦國用以炫耀財富及國力的象徵，所以自商周流傳下來的青銅禮器，到了戰國紛紛以玉取代，諸如玉鼎、玉簋、玉罍、玉卣、玉瓿、玉觚、玉爵、玉觶、玉壺、玉尊、玉豆、玉盂、玉簠、玉觥、玉匜、玉方彝等等。

一、玉盂

　　盂在商周青銅禮器中是大型盛飯器，亦可兼盛水、盛冰〈到春秋時則以鑑為之〉，器形一般為圓形，侈口，深腹，圈足，有獸首耳或附耳，形體較大，因鑄造時需耗用大量銅料，故鑄造不多，傳世及出土數量亦較少，戰國時，有以玉仿青銅盂的造型製成玉盂，器形較小應非實用器。

圖 077 / 027

戰國 至 西漢早期｜白玉鉤連雲紋鋪首銜環斂口盂

高 9.8 公分　口徑 9.4 公分
腹徑 12 公分

二、玉豆

豆是古代饗宴時在餐桌上專備盛放醃菜、肉醬及醬料等調味品的器皿，豆也是禮器的一種，常以偶數組合使用，青銅豆出現在商晚期，流行於春秋戰國，但出土和傳世的青銅豆都較少，這是當時人們多以陶、竹、木、漆器為之，這些材質自然不易保留至今，戰國、漢代玉製的豆則有少數流傳及出土。

圖 114 / 415

戰國晚期 至 西漢早期
黃玉圓雕鳳紋豆

高 18 公分

圖 129 / 633

戰國｜白玉雲紋豆一對

高 14.5 公分 寬 10.4 公分

三、兕觥

我們常用「觥籌交錯」來形容喝酒的熱鬧場面，「觥」的字義是牛角做的酒器，現在的解釋就是酒杯的意思。遠古時代的人是用中空的牛角當酒器，但底部是尖的，不能直立於桌面，於是就發展出有足的角形杯，如青銅爵、青銅角、青銅觚、青銅觥等，這些飲酒器、容酒器除「爵」外都從「角」部。「兕觥」一詞出自商代青銅器，「兕」是從象形文字演變來的，音「似」，是一種形狀像角，下有足的容器；「觥」是盛酒器，出土的青銅觥有的附斗（斗是打酒用的曲柄勺），說明「觥」是容酒器而非飲酒器。

1959 年山西省石樓桃花庄出土一件牛角形橫置的青銅容器，前端做龍首狀，龍齒間隙可注酒，上有蓋，底足有淺圈足，後端無鋬，考古挖掘者稱之為「龍形觥」，屬商代後期產物，可作為「兕觥」之原形。青銅器的「兕觥」出現於殷墟晚期，沿用至西周早期，有圈足和三、四足鳥獸形之類型，由於出現時間不長，數量有限，玉製的「玉兕觥」僅見於戰國晚期及西漢早期，基本上仿青銅觥的玉雕，器形都不到位，但基本的兩個條件必須符合，一是必須有像「角」的容器，二是容器下方要有足可以直立放置，不論是三足、四足或圈足，或平底，甚至是卷曲的扭繩延伸成附足，只要能直立放置均可，所以只要是能直立的玉雕角型杯都可稱之為「玉兕觥」或「玉觥」。

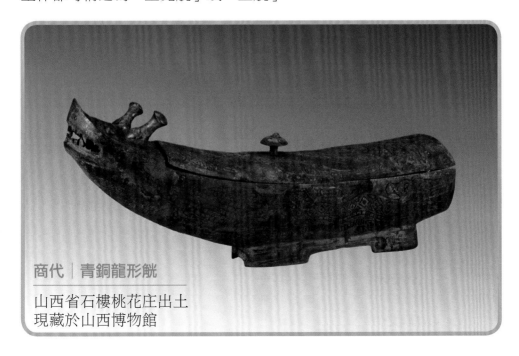

商代｜青銅龍形觥

山西省石樓桃花庄出土
現藏於山西博物館

圖 095 / 288

戰國｜青黃玉牛觥

高 17.8 公分 長 19.4 公分

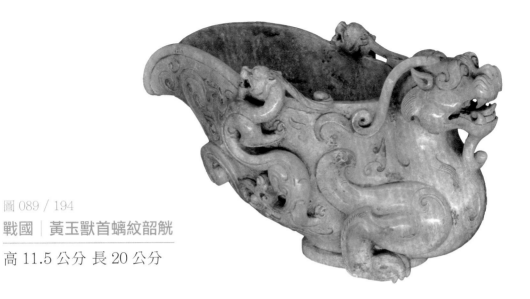

圖 089 / 194

戰國｜黃玉獸首螭紋韶觥

高 11.5 公分 長 20 公分

圖 088 / 193

戰國｜
黃玉高浮雕螭紋高足杯（觥）

高 11.5 公分

圖 229 / 507

西漢｜白玉鳳紋觥

高 9.8 公分　橫寬 7.7 公分

圖 230 / 616

西漢｜白玉鳳紋觥

高 11 公分　寬 7 公分

圖 174 / 178

西漢｜白玉鏤空浮雕龍鳳紋觥

高 12.1 公分

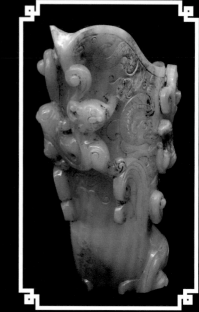

圖 209 / 416

**西漢早期 |
青黃玉饕餮紋龍把觥**

高 13 公分 長 15.3 公分

四、玉罍

　　青銅罍是大型容酒器，又可兼做盛水器。《周禮・春官・鬯人》：「凡祭祀社壝用大罍。」可知最初罍是祭祀大禮所用的酒器。罍的出現最早見於商代晚期，至今尚未發現商代中期以前有罍這種器形。它出現於商晚期，流行於西周至春秋早期，春秋中期後逐漸消失。

　　罍的形體有圓罍與方罍兩種。形狀器形都是口小，寬肩，深腹。由於體型較大一般都會在肩部安置兩耳，有的方罍還在腹部下方設置兩牛耳，以供搬運時用。

　　青銅罍主要流行於商晚期後段和西周時期。商晚期的罍體型較西周大，高度往往比寬度的尺寸要大，紋飾也較複雜華美。西周的罍一般要比商代的低矮而寬，紋飾簡單，一般器型的高度等同寬度，時代愈晚這類特點就愈趨明顯，這是時代特徵。戰國時的玉罍多以圓罍形態展現，目前未見有出土玉方罍。

圖 130 / 542

戰國│白玉鳳鳥紋附螭耳瓿形尊

高 24.9 公分　口徑 12.4 公分
底徑 9.2 公分

圖 121 / 469

戰國｜青黃玉饕餮紋龍鈕帶蓋罍

高 22.7 公分

五、玉犧尊

　　青銅尊是一種體型高大的容酒器，依形體可分為一般的大口尊、觚形尊、鳥獸尊等，「鳥獸尊」又稱「犧尊」。功用與尊同，只是造型仿自動物形象，由於鳥獸尊造形頗具動物雕塑的特點，藝術性較高，所以一直是收藏家的焦點，且歷久不衰。依造型歸類計有牛尊、象尊、犀尊、羊尊、虎尊、豚尊、鷙尊、梟尊、鳳尊等，對動物的特形、特徵描塑得神形兼備，頗有藝術收藏價值。

　　商晚期墓葬中即已發現有青銅鳥獸尊，其中象尊是商晚期的代表，象尊通體佈滿紋飾，至西周時一改商代複雜圖騰，代之以簡約的線條和清新圖案來裝飾，與人樸實、寫實感覺，似乎較商晚期的鳥獸尊少了點神祕氣息。

　　戰國是一個禮崩樂壞，布衣可以卿相的時代，所以鳥獸尊又以另一種藝術形態呈現，不僅將動物的特徵表露無遺，尤其強調全身骨骼肌肉的線條，還加以更複雜的外表裝飾，如鎏金、鎏銀、錯金、錯銀、嵌金、嵌銀、嵌銅並鑲嵌珠寶、瑪瑙、綠松石、珊瑚等，作為藝術品陳列，不知何原因，青銅鳥獸尊到漢朝時已難見蹤跡。戰國、西漢的玉雕犧尊多以商周鳥獸尊器形為模本，並融入當時的藝術風格，從外觀看仍可辨出不同的時代背景。

圖 175 / 182

西漢 ｜ 白玉雙羊尊

高 11.5 公分
寬 13.1 公分

圖 231 / 610

西漢｜青白玉長頸玄武尊

高 9.4 公分　寬 8.2 公分

圖 232 / 611

西漢 ｜ 青白玉鹿尊

高 12.5 公分 寬 18.5 公分

圖 042 / 211

西周｜青黃玉牛尊（犧尊）

高 11.2 公分 長 14.6 公分

圖 024 / 023

春秋晚期｜白玉獸首龍把匜

高 4.3 公分 長 14 公分
橫寬 8.8 公分

六、玉匜 與 玉盤

　　青銅匜最早出現於西周中晚期，流行於春秋，戰國時逐漸沒落，西漢時已難見蹤影。青銅匜是宗廟祭祀或大典祭禮前，入宗廳時用以盥洗淨手時注水之器，它與盤一起使用，《左傳》有"奉匜沃盥"之記載，意思是一長者執匜澆水為賓客手沖洗雙手，另一年少者（或童子）雙手執盤為賓客盛接棄水，然後倒掉。

　　匜是一種水器，形制一般有流，有鋬，深腹圓底，下有四獸足或圈足或平底，腹部有紋飾，紋飾多為蟠虺紋、蟠龍紋、重環紋，瓦紋等。早期的匜有蓋，西周晚期以後大都無蓋，春秋時形制漸有改變，春秋中期時四獸足消失，以圈足代之，晚期時改為平底無足，戰國時紋飾越趨向簡化，至晚期時大都光素無紋，且一端的鋬已消失，並以圈鈕取代，也有以獸首銜環來裝飾。這是青銅匜的演變過程，以玉料製作青銅禮器始自商代，但數量極少，多為案頭擺件及餽贈之用，能流傳至今的更是鳳毛麟角，春秋晚期才開始逐漸增多，戰國時較為普遍，由於材料與工藝的難度較高，能琢製成功的也是寥寥無幾。

　　「盤」是商代主要的盛水器，商周時期宴饗禮儀之用，貴族在宴前及飯後要行「沃盥之禮」，即行禮時，年長者持匜（或盉）奉水，為賓客緩緩澆水於手，年少者持盤，以盤承接棄水，盥卒授以布巾。西周中期之前流行盤、盉相配，至西周中晚期"青銅匜"出現後，則多為盤、匜配合使用。直至戰國後，沃盥之禮漸廢，盤即被"洗"取代。

圖 098 / 310

戰國｜青黃玉饕餮龍首紋雙耳盤

直徑 25.9 公分 高 5.3 公分
最寬處 30.3 公分

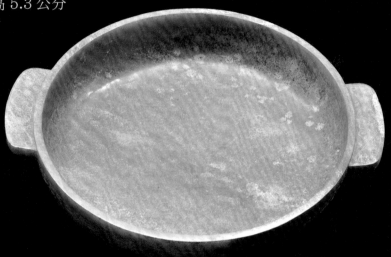

圖 131 / 553

戰國｜青黃玉龍形把四足匜

長 19 公分 高 9.2 公分

七、玉瓿

　　「瓿」從瓦部，可知早期的瓿是從陶器演變來的，在秦以前的經籍裡，沒有發現「瓿」這個字，漢以後的解釋是：「形體矮而口大的甕」，當時在中國西部把這種器物稱作「瓿」，東部的趙、魏故地則稱為「甕」。其實瓿跟甕並不是完全一樣的東西，瓿的口徑較大，甕的口徑較小。青銅瓿存在的時間很短，大約是商代中期至晚期初，當「罍」出現並普遍使用時，瓿就逐漸消失了。

　　「瓿」也是一種酒器，外形為斂口，短頸，折肩，寬腹，圈足，商晚期的瓿，通體紋飾，華麗繁縟，極富藝術價值。出土的瓿分無蓋跟有蓋兩種，根據考古研判，青銅瓿大都有蓋，有的蓋是青銅鑄製的，也有的蓋是竹、木製作的，後者均已腐朽。由於瓿流行時間很短，數量較少，西周早期就已難尋到它的蹤影。瓿又與罍很像，一般不易區別，所不同的是，瓿的形體較矮，罍則較高，又瓿的頸部較短或幾乎無頸部，罍的頸部則較長。在晚商初期的墓葬〈殷墟婦好〉中常發現青銅瓿與青銅罍並存，在以後的墓葬發掘中，就未見有並存的情形，這說明了當「罍」出現時，瓿就逐漸消失了。

　　戰國玉製的瓿多作為陳列器，或政治餽贈之用，器形除有豆的外形外，還採用高浮雕、淺浮雕、半圓雕等工藝，並結合華麗紋飾，如桓雲紋、勾連雲紋、柿蒂紋、穀紋、蟬紋等，雕琢出具有時代背景的精美玉器。

圖 064 / 152

戰國早期｜白玉獸首銜環龍紋瓿

高 8.7 公分　外徑 9 公分

文房用具──文鎮、玉削刀、筆舐

一、文鎮

　　鎮是壓物的器具，中國的鎮最早用來壓蓆，當時人們是席地而坐，為了避免蓆角折捲，遂在四角置鎮，材料多為銅質，也有陶、石、玉製的，後隨著傢俱的演進，不再席地而坐，蓆鎮漸不使用，紙發明後，鎮就躍升為桌上文房用品。戰漢之前文書往來多用竹簡，自然沒有「紙鎮」一詞，但有些密函、手諭、盟約是不宜寫在竹簡上而是寫於絲絹或羊皮上，羊皮易捲，絲絹質地細薄，鋪於案上自然需要「鎮」了，君王、貴族用鎮就以玉製成。玉製文鎮雖未見出土記錄，但洛陽曾有出土漢代玉鎮。圖177／208羊脂白玉高浮雕穿雲螭鳳紋文鎮，其紋飾之精美、雕技之罕見、且沁色自然、皮殼深沉，極具戰國遺風，勘為西漢時期玉雕珍品。

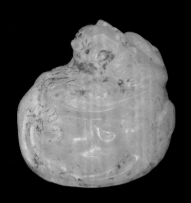

圖 171 / 172

西漢｜白玉龍鳳紋文鎮一對

高 3 公分 底徑 2.9 公分

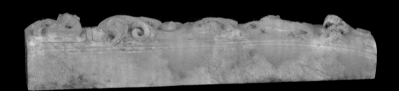

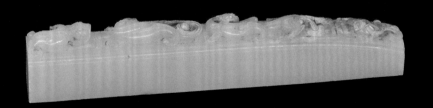

圖 177 / 208

西漢｜白玉穿雲螭鳳紋文鎮一對

長 7.5 公分 深 2.4 公分 高 3.3 公分
可參考洛陽出土的漢代雙龍玉鎮

漢代｜雙龍文鎮

二、玉削刀

　　紙張未發明前，古人寫字是研磨一種叫「墨丸」的黑墨，以筆沾墨汁寫在竹、木簡上，如有寫錯，就用銅製小刀將竹、木簡表面筆跡刮去重寫，就像現代的橡皮擦一樣〈秦皇陵出土的文官俑在腰間均佩掛圓環柄的小刀及書寫工具〉。漢代以前一般是用青銅小刀，也有用玉製的，只是不如金屬製的好用，據推論玉削刀非實用器，可能是當時玩賞、饋贈之器。

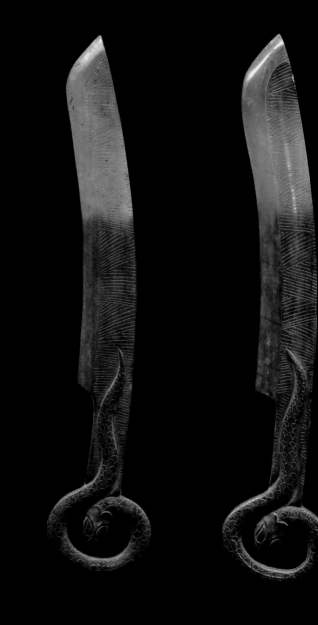

圖 099 / 312

戰國｜白玉虺龍紋削刀（文書工具）

左 長 15.2 公分
右 長 15.8 公分

三、筆舔

　　文人書寫時用毛筆蘸墨後，將筆上多餘的墨抹掉或抹勻，動作像舔，故稱筆舔，另外還有洗。筆舔是文人的工具，所以玉製的筆舔很少，也不適用於舔墨，實用性不大，在唐、宋、明、清時期帝王多用於舔珠砂墨，西漢之前是否也同樣用於舔硃砂墨，尚待出土資料證實，推斷可能多用於餽贈、玩賞、陳列與炫富之用。

圖 220 / 421

西漢｜白玉鉤連雲紋帶蓋筆舔

高 6.6 公分　直徑 9.8 公分

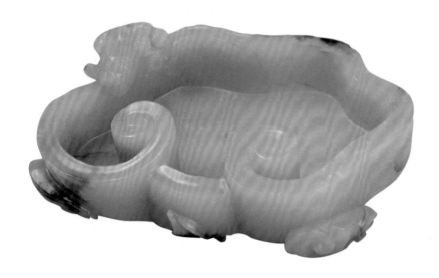

圖 279 / 513

元 至 明｜黃玉螭龍紋如意形水洗

長 9 公分 寬 6.5 公分 高 3 公分

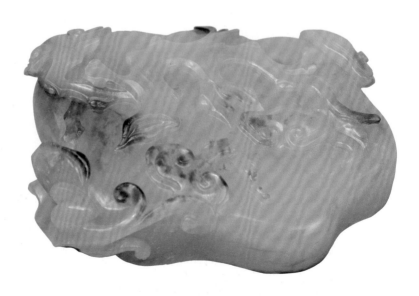

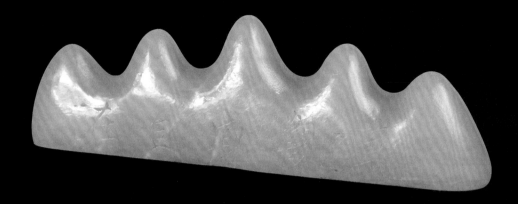

圖 284 / 514

清代 | 白玉筆山

長 13.4 公分 寬 2.3 公分
高 4.3 公分

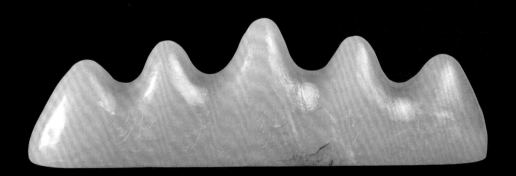

第三章　服飾器

髮飾——玉笄、玉梳

一、玉笄

　　「玉笄」，笄音「積」，是活人使用的，死人不用玉笄。笄的形狀與現今的簪相近，它的功能有兩種，一是安髮，一是固冠。安髮之笄謂之「鬠笄」，鬠，音「闊」，髮所聚會之也，就是把髮髻束好之後，用笄綰住。固冠之笄，謂之「衡笄」，衡者，橫也，古代之冠，不似現在的帽子，可以蓋到額頭，而是比較小的，小到只能蓋住髮髻，安固的方法是用笄橫插在髮髻上，所以冠是左右各有一孔的，兩邊各插一笄，並繫上冠帶，可以在下巴打個結，冠就會固定在髮髻上。固冠之笄，要用兩根，安髮之笄，數量就不定，有三、四根的，也有七、八根的，依美觀及習慣而定。

圖 019 / 365

龍山文化｜雙龍紋白玉笄

長 12.6 公分　寬 5.5 公分
可參考山東臨朐西朱封
202 號大墓出土的龍山文
化竹節形組合玉笄

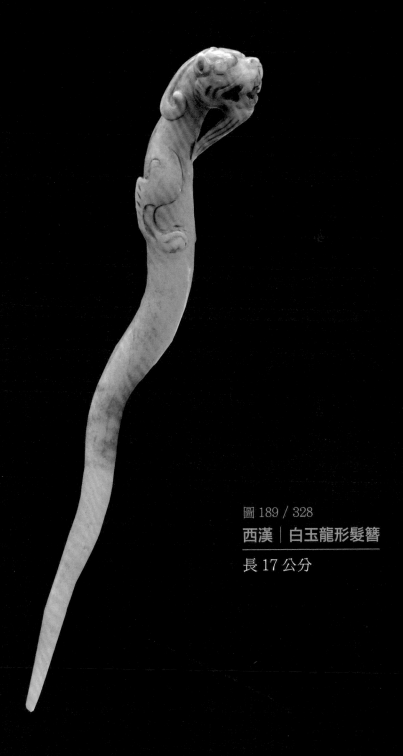

圖 189 / 328
西漢｜白玉龍形髮簪
長 17 公分

二、玉梳

　　古代不論男女頭髮都會挽成髻，要打這個髻之前，必須先把頭髮梳好，這個梳髮的工具就是「梳子」，梳子的形狀與現代的梳子大同小異，我們如果看到古代的梳子，就會聯想到現代的梳子，只是古代的梳子齒上有「背」，「背」如同現代梳子的「柄」，現代梳子的柄都在齒的一側，以方便手持柄梳髮，而古代梳髮有專人服侍，所以「背」是給侍者拿的。梳子的材料很多，有用竹、木、牙、角、骨，也有少數用玉製的。用骨、玉製的梳子大都是從商周遺址出土，有的玉製梳子非常華麗，雕琢也很精緻，裝飾意味濃厚，讓人感覺並非只是用來梳髮，也可能兼做髮飾之用。

　　出土玉梳最早發現於商代，玉梳背都雕有紋飾，紋飾以獸面紋為主，齒較粗，齒與齒的間隔也較寬，西周的梳背開始有鏤空裝飾。此時玉梳都是整塊玉雕琢而成，使用時梳齒難免會折斷幾根，斷了齒的玉梳是不會再插在髮間裝飾，因此逐漸形成梳背與梳齒分別製作後再組合使用，有些梳背是以金、玉、瑪瑙、貝類、玳瑁殼、漆器等材質製成，梳齒則以竹、木、象牙、玳瑁殼等材質製成，梳背可隨意更換不同的梳齒搭配使用，此種梳背與梳齒組合使用的方式流行於唐代。

圖 083 / 113

戰國｜白玉龍鳳紋梳

長 20 公分

圖 062 / 393

春秋｜白玉梳（殘件）

高 5.3 公分 橫寬 4.1 公分
生人用玉笄、骨笄，死者用
桑木製的木笄，男子死後有
笄，而女子死後無笄

手飾──韘、韘形珮、班指

一、韘

　　「韘」音「射」，一般認為是射箭時套在右手大拇指用作拘弦的玉器或骨器，以減少弓弦磨擦的力量，保護手指。《説文》有稱：「韘，決也，所以鈎弦。以象骨韋系，著右手巨指。」《詩經・芄蘭》：「芄蘭之葉，童子佩韘。」《毛傳》：「韘，決也。能射御佩韘。」其實韘，這個字從韋，韋是熟製的獸皮，古人射箭，用右手姆指拘弦，次數多了，手指不免會磨破，於是想到用一塊獸皮，包裹並纏繞在姆指上，如此拘弦可免去不適，如果裹皮後姆指再套上一個筒形物，拘弦時更不會疼痛了。所以「韘」是裹在手指的獸皮，「決」是套在韘上的筒形物，這樣決在拇指上才能牢固不動。「韘」與「決」是兩種東西。現在決之名已被韘所取代，所以我們也從俗，稱「韘」。

圖 074 / 183

戰國｜白玉龍首紋韘

高 1.8 公分 寬 6.3 公分

圖 021 / 293

商代｜白玉人面紋韘

高 3 公分 口徑 3.8 公分

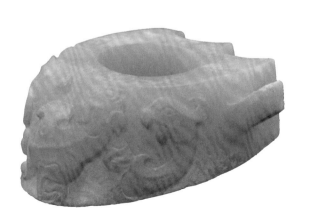

圖 110 / 392

戰國｜白玉穿雲螭紋韘

高 2.2 公分 長 5.3 公分

二、韘形珮、班指

　　從玉韘發展到韘形珮是經過數百年漸漸變化所致，商代的玉韘完全是實用器，由於器形較小容易遺失，所以不用時就繫根繩子掛在脖子上，要射箭時，馬上可以取下，不需費時尋找。久而久之就成為佩飾器。春秋、戰國的玉韘雖不為實用，形制卻相當接近韘之原形，但韘上之鉤已不具拘弦之用。到西漢早期韘已極具裝飾意味；在發掘的漢武時期墓葬中，玉韘與韘形珮有共出一墓的現象，說明了這兩類型不是演變生成的關係，因為演變需有一個長期過程，在過程中新器形出現後，以前器形必定消失。在出土及傳世的資料中，並未發現也無實物可資證明它有一個演變的過渡期，但韘形珮形成後，玉韘並未消失它卻與韘形珮同時存在。所以應該說韘形珮是衍生物，也就是說韘形珮是從玉韘衍生出來的。其實從玉韘衍生出來的還有「班指」，所以在漢代玉韘、韘形珮、班指三者共存了一段時期，唯不同的是「班指」漢代稱「約指」，而紋飾都以桓雲紋為主。

圖 234 / 517

西漢｜白玉伸首龍螭鳳紋韘形珮

高 5.5 公分　寬 4 公分
請參考徐州北洞山漢墓出土
玉韘形珮

圖 205 / 334

西漢｜白玉螭鳳紋鞢形珮

高 6.2 公分 寬 5.1 公分
請參考北京故宮博物院清
宮舊藏「螭鳳紋鞢形珮」

圖 103 / 331

戰國｜黃玉鳳紋鞢形珮

高 8 公分

　　韘形珮發展到了西漢晚期已脫離原有的固定形式，其盾形的兩邊由對稱轉化為隨形的動物設計。東漢時細刻的陰線消失，龍、鳳、螭紋取代勾卷雲紋，平雕動物轉為立體浮雕動物，韘的形式特徵幾乎消失。兩漢以後韘形珮不再流行，魏晉以後逐漸消失。

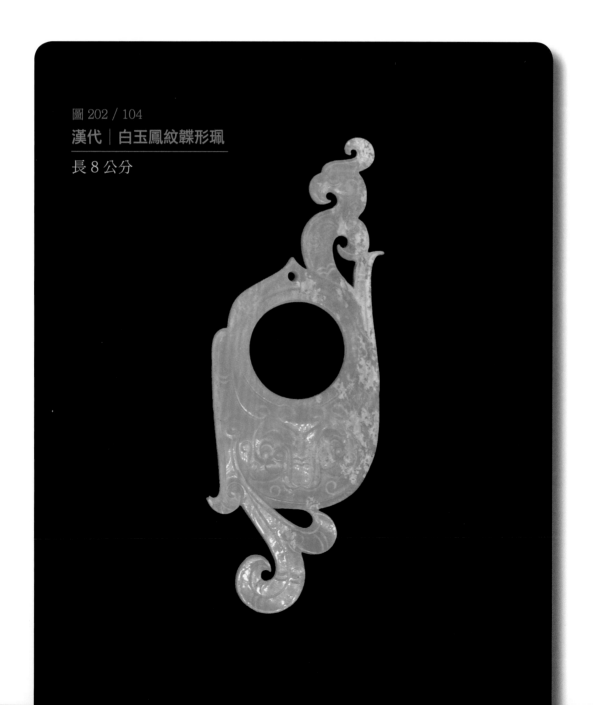

圖 202 / 104
漢代｜白玉鳳紋韘形珮
長 8 公分

圖 235 / 621

西漢｜白玉龍鳳紋韘形珮

高 12 公分　寬 4.3 公分

圖 204 / 234

漢代｜白玉九獸紋韘形珮

高 4.5 公分　厚 1.8 公分

圖 208 / 391b1
漢代｜白玉桓雲紋班指
高 2.4 公分

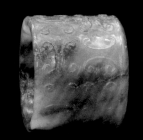

圖 275 / 391b2
宋代｜延壽文玉班指
高 2.7 公分

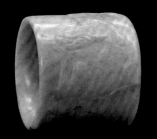

圖 278 / 391b4
元代｜白玉獸面紋班指
高 3.1 公分

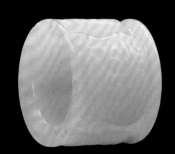

圖 282 / 391b3
明代｜靈芝鹿紋班指
高 2.7 公分

圖 283 / 391b5
清代｜白玉灑金班指
高 3.2 公分

　　與逐漸消失的韘形珮不同，班指一直延續到明清，清代謝堃所著《金玉瑣碎》說：「班指，即詩所云童子佩韘之韘也。注：韘，決也，以象骨為之，著右手大指，所以拘弦也，好事者琢玉為之，美其飾也。」班指至清一代更轉為流行，韘形珮在乾隆時期雖有仿製，但無創新，僅以玉質晶瑩及華麗琢工取勝。

　　另有一種名為「髮束」的玉器，外型很像班指，古代八至十四歲的少年，頭髮都梳作左右兩邊，並紮成兩個結，稱為「總角」，到了十五歲時男子就要將總角解開紮成一束，這時就要用到髮束，髮束的材質有金、銀、玉、瑪瑙、象牙、琥珀、犀角、竹、木等多種，直徑有大小不等，端看頭髮的多寡紮成。有些玉製髮束流傳至今易被誤認為是班指，髮束是兩端平齊，班指則是一端齊平，另一端向內平斜，這是保留韘的初始原貌。所以配戴班指時應將斜口朝上，如遇有斜口朝上時班指的文字或圖騰卻朝下，很可能是清末民初時仿製或後加工製作的。

圖 162 / 117

西漢│白玉鉤連雲紋髮束

高 2.3 公分

圖 271 / 224

六朝│白玉穿雲螭紋髮束

高 2.7 公分　口徑 3.1 公分

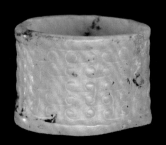

耳飾——玦、瑱

一、玦

　　「玦」是古代玉製的耳飾，自新石器時代起便有這種玉飾，商代持續發展，周代廣為流行，材料除玉質外尚有綠松石、瑪瑙、水晶等。秦漢時期則較少使用，除作耳飾外也有偶作「琀玉」，這是因為玦是片狀的，也可意寓為離別，另外玦也有單獨佩戴的，單獨佩戴的玦兩面多雕琢紋飾不適作耳飾用，且一般形體都較大。

　　在「左傳」「史記」中的記載，提到春秋至漢的貴族有佩戴名為玦（決）的玉器，經考證在當時的玦（決）是一種由商代玉器「玉韘」演變而來的佩飾器，所以當時玉韘也稱為玦（決）。

　　史記中有兩則較有名有關玦的記載，一則是春秋魯閔公二年，晉獻公為貶走世子申生，就派申生出征皋落氏，臨行前賞賜「偏衣」和「金玦」，暗喻決絕之意。另一則為鴻門宴上，范增屢次舉出所佩的玦，暗示項羽快下決心殺掉劉邦。

　　在春秋之前這種玉耳飾則稱為「瑱」，而不稱「玦」，瑱又稱「充耳」，古人用一種名為「紞」的絲繩繫自髮笄，將玉瑱垂吊到耳邊。由於「瑱」字被吳大澂誤解為耳塞，屬喪葬用，為避免混淆，現今玦的含義有兩種，一種是耳飾，另一種是射決，瑱則另作解釋。

圖 116 / 429

戰國早期│白玉龍首紋柱形玦

高 2.7 公分　直徑 3.1 公分

二、瑱

　　吳氏古玉圖考認為「瑱」是喪葬玉，用以塞耳之器，後來研究古玉的學者對此說法均不認同。

　　「瑱」的一般形制為圓柱形或方柱形，長不過 2 吋，一端為圓錐或角錐形，另一端如榫頭有孔。《周禮‧天官冢宰‧追師》說：「掌王后之首服，追衡、笄。」鄭司農云：「衡，維持冠者。」鄭玄云：「祭服有衡，垂於副之兩旁，當耳，其下以紞垂瑱，男子首服亦然。……紞者，垂瑱之繩，垂於冠之兩旁。」所以「瑱」不是真耳飾，實際上是冠飾，是從插在冠上之笄垂下來正當耳孔之玉飾，春秋晚期後則有以細長形瓏為瑱。

圖 065 / 427

春秋 |
白玉變形龍首紋瑱

長 7.8 公分
寬 1.2 ＊ 1.4 公分

圖 066 / 428

春秋 |
白玉變形龍首紋瑱

長 9.1 公分
寬 1.2 ＊ 1.4 公分

辟邪三寶──翁仲、剛卯、司南珮

一、翁仲

　　翁仲，人名，秦朝安南人，身材高大，據說有一丈三尺高，秦始皇派他鎮守臨洮，威震匈奴。翁仲死後秦皇用銅鑄成他的像，放在咸陽宮司馬門外，匈奴來探，以為翁仲還在，嚇得趕緊逃跑。翁仲以高大威猛勇敢受人重視，漢朝時，陵寢墳墓也有請他守衛，翁仲既有守護宮門的威力，也必定有辟邪的能力，因此有人用玉琢成小型翁仲，佩在身邊，用以驅逐邪魔，於是有了玉翁仲。

　　翁仲的形狀、雕刻都很簡單，一般都是寬衣博袖，兩手相交於前，頭上戴扁方形帽，五官只琢出兩眼與口，鬍鬚成三角形。穿孔的方法有兩種：一種是由頂直達於底，是一個上下的通心穿，另一種是由頂穿入，分貫於兩袖之中，從袖口穿出，這種穿孔較複雜，比較少見。後來有人以翁仲、剛卯、司南珮為辟邪三寶。

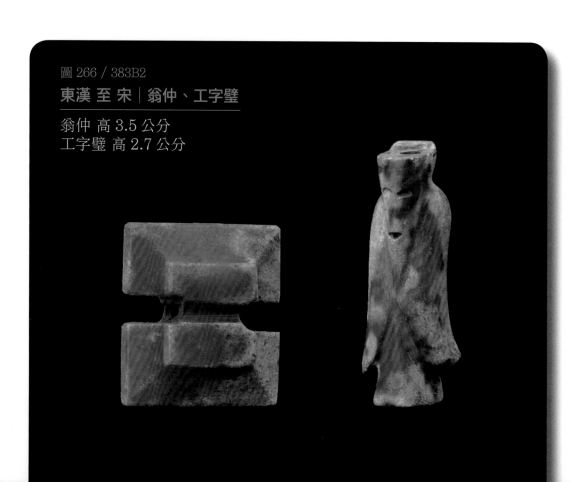

圖 266 / 383B2

東漢 至 宋｜翁仲、工字璧

翁仲 高 3.5 公分
工字璧 高 2.7 公分

二、剛卯

　　佩戴剛卯的目的是要辟除鬼魅，有壓勝之意。古人認為桃木有驅除鬼魔的功用，所以最早的剛卯是用桃木做的，在桃木上寫或刻上驅邪的詩句，可增加驅邪力量，但桃木不耐久，所以存世的剛卯不見桃木質。

　　與桃木同樣有驅邪功用的，那便是玉了，玉是所有材質中最貴重的，於是王侯、貴族都以玉做剛卯。除了桃木、玉製的剛卯外，古籍還記載有用犀角、銅、象牙等材質製作，如《漢書・王莽傳》：「或用金，或用玉，或用桃，今有玉在者。」又如《後漢書・輿服志》：「乘輿、諸侯、王、公、列侯以白玉，中二千石以下，至四百石，皆以黑犀，二百石以至私學弟子，皆以象牙。」銅剛卯可能不適合佩戴，所以極少見到，桃木、犀角、象牙不耐年久，所以《漢書》云「今有玉在者」。

　　從剛卯的方柱體形狀推論，可能是由方瑓衍生出來的，方瑓有四面，可以刻字，剛卯每面刻有八個字，共三十二字，也有三十四個字的，字體是殳書，由於是倉促刻成，所以文字較難辨認，殳書在漢後已失傳二千餘年，如果見到小篆字體，或字體是用碾琢，而非用刻，則是後人仿製之物。

　　剛卯的銘文是：「正月剛卯，靈殳四方，赤青白黃，四色是當。帝令祝融，以教夔龍，庶疫剛癉（音淡），莫我敢當。」這是三十二個字的，三十四個字的是在「正月剛卯」下多二字即「正月剛卯既央」。大意是：剛卯在正月佩戴，漢代皇帝姓劉，劉字是由卯、金、刀三字組成，卯字常用來代表「劉」。剛卯也就是「強劉」，在正月佩戴剛卯，是祝賀當時的天子，政權日益強盛。「殳」是一種威力強大的兵器，也是一種有觚稜的杖，剛卯本身是個有威嚴有力量的「靈殳」，還有赤、青、白、黃四帝，擔任驅邪任務。赤帝又命令火神祝融，驅逐夔龍。有了這樣的威力，各種的災疫、厲鬼，都敵不過，更不敢來侵犯。全文第一句是頌揚皇帝，其餘的句子，完全是厭勝之意，所以驅邪避兇是佩戴剛卯的主要目的。

三、司南珮

　　司南在漢代是用來占卜的工具，漢人卜卦之風極盛，王莽時更到了舉國沸騰的地步，大小事物均取決於卜，此風延至唐代仍未衰弱。

　　司南是利用磁石的指極性，用以正方向的一種器物，其形狀依王振鐸氏的解釋，是像勺、像瓢、又像北斗，它的附屬品是一個盤。把司南這樣的一個勺，放在盤內，旋轉之後，當它停止時，勺柄總是指向南方，但如何用來卜卦呢？因占卜相關資料散佚或不傳，其術也就無從而知。不過自漢以來，司南是何物，是人人都知的。

　　司南既是占卜之用，凡是能占卜的東西，就有告人吉凶的能力，如有靈驗便可避邪，於是有人用玉琢成扁方柱體，長不過吋許，分兩截，一端琢成一個小勺，一端琢成一個小盤，中間較細的地方，鑽一橫穿，用來繫繩佩戴，就可達到趨吉避凶的目的。

圖 262 / 433

東漢 ｜ 白玉剛卯

高 2.4 公分

圖 276 / 383B3

宋至明｜翁仲、剛卯、司南珮

翁仲 高 3.4 公分
剛卯 高 2.7 公分
司南珮 高 3.5 公分

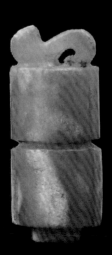

瓏

　　在商周的金文裏尚未發現「瓏」這個字，瓏的原始形態，是短形的小圓管，它是從動物的骨管發展出來的，最初單純的只是裝飾品，就是將幾個骨管串穿在一起，佩掛在胸前或腰間。在山頂洞人文化中，曾經發現四個骨管，是巨大鳥類的骨，從表面磨光，骨內海綿物質去除，管內磨擦痕來看，管的兩端不規則痕跡，係因穿戴日久而磨出的繫痕。

　　又有一說「瓏」是從「結」演變來的，古人有結繩記事的習慣，但當結打多了，也不記得哪個結該做什麼事，於是就用骨管代替結，將骨管套進繩子裡串起來，骨管上還可以做記號或簡單的記錄何事情。記的愈多就成為一長串，為了隨時記得該做何事，就將骨管掛在腰上或戴在脖子上，日子久了，漸漸的變成一種裝飾品。裝飾品就不一定要用骨管，於是用玉石、瑪瑙、綠松石來製作，顏色多了，裝飾效果也大了。

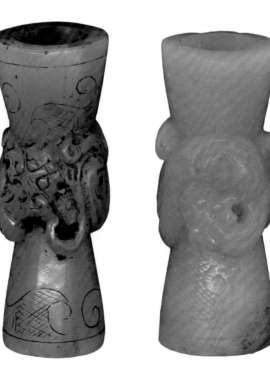

圖 060 / 282

春秋晚期｜
白玉浮雕螭紋束腰瓏一對

左 高 6 公分
右 高 5.8 公分

圖 043 / 226

西周｜白玉人首紋束腰瑁

高 4.1 公分

圖 119 / 451

春秋｜白玉變形龍首紋橄欖瑁

長 4.5 公分

　　到了戰國，玏的形狀變多了，紋飾也更複雜，圓玏有時變成橄欖核形、束腰形、長柱形、扁圓形、方柱形等。紋飾也有饕餮紋、牛首紋、雲紋、穀紋、繩紋、弦紋等。這些玏主要功能大都是做裝飾使用，或做雜珮附件。有些尺寸稍微大的玏管，紋飾也非常精美，成雙成對從窖藏出土，這些玏在當時則是作為餽贈，或作為財富收藏。

圖 133 / 554

戰國｜變形龍首紋長玏

長 12.6 公分 直徑 1.6 公分

圖 092 / 222

戰國｜白玉圓雕蹲坐瑞獸鉤連雲紋玏

高 3.5 公分

圖 123 / 266

戰國早期｜白玉龍首紋橄欖瑳

高 5.5 公分

圖 081 / 109

戰國｜青黃玉雲紋瑳

長 5.8 公分

圖 236 / 548

西漢｜白玉龍鳳紋雙管瑳

長 6 公分 寬 2.5 公分

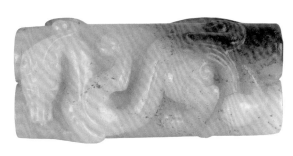

圖 082 / 112

戰國｜白玉龍首紋長城齒扁瑓

長 10.4 公分

圖 106 / 341

戰國｜白玉穀紋束腰瑓

高 5.4 公分

圖 159 / 098

西漢│青黃玉穿雲螭瓏

高 5.3 公分

圖 134 / 703

戰國│白玉穀紋瓏

高 7.5 公分　寬 1.8 公分

圖 183 / 225

西漢│白玉高浮雕螭鳳熊紋瓏

長 6 公分

觽

「觽」音「析」，觽能解結，源自於形狀，最早的觽是由獸角演化而來，古人狩獵後，將獵物如野豬的牙或虎爪、熊爪配掛在胸前以示英勇，後來發現這牙或爪不但可當工具使用（用來叉起或挖取食物）還可解衣服的結。但不是每個人都能得到牙或爪，所以就用獵得的動物的角、骨，磨成像野豬牙或虎爪、熊爪的形狀佩帶在身上，久而久之就成風俗，所以「觽」這個字從「角」。

《禮記》內則篇有一段話：「子事父母，左佩小觽，右佩大觽。」子事父母，為何要帶兩個觽？其實由這句話可以得知「觽」在古時是一件常用的工具，並且已融入日常生活。因為常用，所以考慮為了隨時取用，最簡單的方法就是佩戴身上。日常生活中綁的結有大有小，大結用大觽解，小結用小觽解。那有什麼是小結呢？以前的衣服沒有鈕扣，都是用麻布縫成布繩再縫綴於兩端，再打個結代替鈕扣的功用，睡前更衣時就需用到小觽來解結。

到了商周，製觽的材料漸漸多樣化，除獸角以外，還有竹、木、玉等材質，理當以玉製的觽最為珍貴。不論出土或傳世器，商周的玉觽以牙的形制較多。到了戰國完全打破傳統侷限，不但發展出鏤空造形，還添加動物及鉤雲紋裝飾，使得玉觽變化多樣，並成為玉全珮中的組件之一，曰「衝牙」。漢代則承襲戰國風格無多大變化，工法卻略遜於戰國。

圖 109 / 390

戰國｜白玉鳳紋觿一對

高 5.5 公分　橫寬 7.4 公分

圖 122 / 470

戰國｜白玉龍形觿

高 6.6 公分 厚 0.6 公分

圖 063 / 053

春秋晚期│白玉龍首觿一對

長 8.5 公分

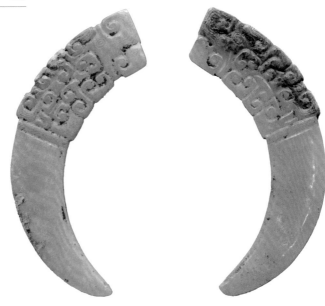

圖 067 / 627

春秋│白玉龍紋觿一對

高 10.7 公分 寬 2 公分

玉全珮

　　在古籍裏均有記載全珮的形制，後人據以線繪其圖，但多有出入，因是臆測，無法考證，在商代的甲骨文中，已有玉珮的象形字存在，但在西周以前的出土玉器中，還未見到全珮的痕跡，依出土記載，直至西周〈約孝王時期〉才有簡單的玉組珮。

　　結構完整，組合清楚的西周組珮，於 1981 年陝西扶風縣出土，出土時位於墓主人的頸部，它是由各種的玉珮飾、瑪瑙管珠、玉管珠等共 396件組成，顏色絢麗多彩，是一組十分華貴的裝飾品。但都沒有如古籍所記載的全珮是由珩、琚、瑀、衝牙組成。

　　完整而成組的玉全珮出土，始見於南越王墓，除墓主人玉全珮外尚有夫人及殉人玉全珮，大多是由玉璧、玉環、玉瑗、玉管及玉璜組成，其間納以金珠、玉珠、玻璃珠、小玉人或玉舞人等；由此可推斷組珮始於西周而玉全珮應是春秋開始佩帶而盛行於戰國。

　　玉全珮的基本形態，嚴格地說須具備三個條件，一是「珩」形狀像橫桿〈有的稍彎曲〉，是全珮的主幹，二是下垂三道，當中的一道，最下面一個，叫做「衝」，三是兩旁的兩道最下面的叫做「牙」，合起來總名叫「衝牙」，衝的形狀不定，它的作用是衝擊兩旁的兩塊玉，讓它發出聲音。牙的形狀有點像「觽」的玉片，由珩、衝、牙三件玉來完成全珮的組成條件。

　　也有較複雜的全珮，除了珩、衝、牙外還有琚、瑀、璜、蠔珠納於其間，又稱雜珮。琚、瑀是彎曲的玉片，璜就是玉璜，蠔珠就是用玉或石材製成的圓珠，有的加以染色，一般是用赤鐵礦染成紅色，所以也有以紅瑪瑙及琉璃做成蠔珠。

　　所以一件全珮，只要有「珩」與「衝牙」就算是組成玉全珮的基本形態，上有主幹「珩」，下有「衝牙」，佩在身上行走有聲，完成玉全珮的條件，其他部分則是隨佩戴者的意願而隨意增加上去的，但一般都會在珩的上端加配一玉環。

圖 059 / 200

春秋｜白玉龍首捲雲紋玉全珮

環（上）
外徑 5.2 公分

方璧
長 4.1 公分 寬 4.1 公分

璜（上）
橫寬 9.5 公分 高 2.7 公分

扁瓏
高 2.8 公分 寬 1.6 公分

環（下）
外徑 6.4 公分

璜（下）
橫寬 9.5 公分 高 2.7 公分

衝牙
高 9.4 公分 最寬處 2.5 公分

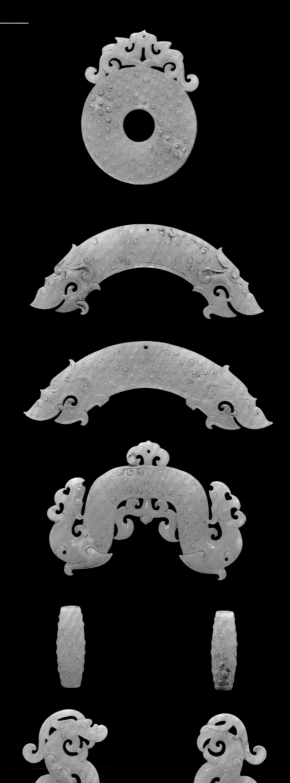

圖 096 / 289

戰國｜白玉龍鳳紋玉全珮

出廓璧
高 7 公分 外徑 5 公分

璜
長 11.5 公分 寬 2.5 公分

珩
寬 9.2 公分 高 3.3 公分

瓏
高 3.4 公分

龍、鳳衝牙
高 6.7 公分 寬 3.5 公分

圖 237 / 552

西漢｜玉全珮

三鳥環
直徑 7 公分　最寬處 9.8 公分
厚 0.6 公分

雙龍珮
橫寬 10.9 公分　高 6.8 公分
厚 0.7 公分

犀形璜
橫寬 12.2 公分　高 5.8 公分
厚 0.6 公分

小豬高 0.9 公分　長 1.5 公分

小瓏高 2.1 公分　長 1.3 公分

小獸高 1.5 公分　長 1.9 公分

小瓶高 2.9 公分　長 2.9 公分

圖 135 / 639

戰國｜龍鳳紋玉全珮（七件）

半璧璜
高 7 公分 寬 12.4 公分

玉璜（左）
高 4.6 公分 寬 9.3 公分

玉璜（右）
高 4.6 公分 寬 9.4 公分

玉璧（左）
高 6.5 公分 寬 7.3 公分

玉璧（右）
高 6.5 公分 寬 7.3 公分

玉龍（左）
高 2.6 公分 寬 8.5 公分

玉龍（右）
高 2.6 公分 寬 8.5 公分

圖 068 / 509

春秋｜白玉雙龍首饕餮紋珩

長 8.1 公分 寬 2 公分

佩飾器

　　佩飾器沒有一定的形制，人們佩戴當作裝飾品，除了趨吉避凶，還可討吉祥，所以佩飾器一般可分為三種：壓勝珮、吉祥珮、裝飾珮。

　　佩戴壓勝珮，主要的目的是趨吉避凶，如剛卯、司南珮、翁仲等，與後來佩戴神珠、佛珠、佛像的目的是一樣的。

　　吉祥珮的用意是祈求願望能達成，一般是根據吉語涵義製成珮，如「馬上封侯」、「連生貴子」、「年年有魚」、「一團和氣」、「節節高升」、「事事如意」、「結交四方」、「耄耋」等，或是根據祝賀詞製成珮，如「長樂」、「延年」等，也有些在玉上刻吉祥語或直接將玉雕成字形，如「福」、「壽」字等。

　　裝飾珮體型較小，形制沒有限制，隨人喜好而定，雕琢工藝精緻，如「鞢形珮〈又名雞心珮〉」、「龍紋珮」、「鳳紋珮」、「龍鳳紋珮」、「動物紋珮」、「舞人珮」、「子辰珮」、「魚紋珮」、「系璧」等，其中以動物紋珮最多。動物紋珮中最常見的是：1. 虎形珮，2. 象形珮，3. 牛形珮，4. 兔形珮，5. 鹿形珮等。

圖 061 / 360

春秋｜
白玉雲矩紋虎形珮一對

長 9.2 公分

圖 031 / 608

商代｜白玉龍紋玉鴞

高 8.7 公分　寬 3.8 公分

圖 270 / 355

三國｜白玉螭虎紋鏤空延年珩

長 12.6 公分　高 5.4 公分

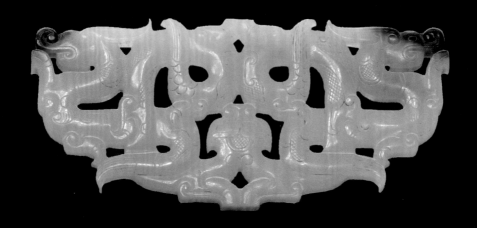

圖 102 / 330

戰國｜白玉鏤空雙龍珮一對

長 8.7 公分　高 3.9 公分

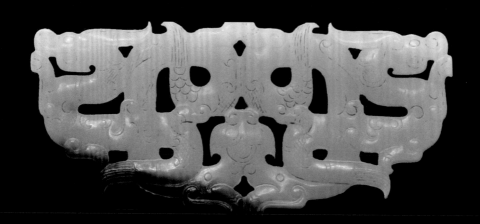

圖 091 / 213

戰國｜白玉變形雲紋 S 龍鳳珮一對

長 12.6 公分 寬 7 公分

圖 238 / 701
西漢｜白玉咬尾龍
高 7.5 公分 寬 5 公分

圖 239 / 702
西漢｜白玉龍鳳紋出廓璧
高 8.3 公分 寬 5.2 公分

圖 136 / 704
戰國｜青白玉 S 龍
高 7.2 公分 寬 4 公分

圖 240 / 618

西漢｜白玉捲尾龍鳳紋珮

高 6.3 公分　寬 6.4 公分

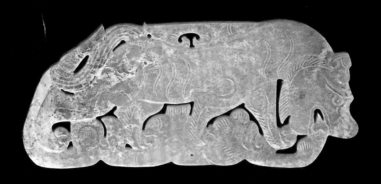

圖 137 / 634

戰國｜白玉虎形珮

高 4.2 公分　寬 9.8 公分

圖 242 / 635

西漢｜白玉龍馬玉飾

高 7.5 公分　寬 5.6 公分

圖 138 / 802

戰國｜白玉雲紋 S 龍

長 13 公分　寬 6.7 公分
厚度 0.6 公分

圖 139 / 804

戰國｜白玉龍鳳紋珮

長 9.3 公分　寬 4.1 公分
厚 0.5 公分

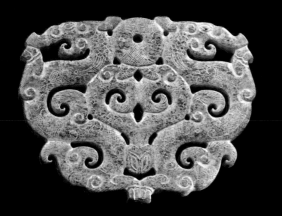

圖 140 / 706

戰國｜青玉雙龍玉珮

高 5.2 公分　寬 6.8 公分

圖 141 / 638
戰國｜白玉雲從龍珮飾
高 5.2 公分 寬 10.4 公分

圖 241 / 612
西漢｜白玉龍鳳紋珮
高 8.7 公分 寬 9 公分

圖 142 / 803
戰國｜青白玉琥形珮
長 8.6 公分 高 5.3 公分
厚 0.5 公分

圖 104 / 332

戰國｜白玉鏤空螭龍螭虎紋環

直徑 8 公分

圖 078 / 033

戰國 至 西漢早期 |
白玉鏤雕龍虎紋延年璧

直徑 10 公分 厚 0.6 公分

圖 055 / 525

西周晚期｜白玉龍獸合體帶鉤

長 8.4 公分　高 2.4 公分

帶鉤與帶扣

一、帶鉤

　　帶鉤的起源，多數人認為是：戰國時代趙武靈王父子喜胡服，改用胡服騎射，才使帶鉤隨胡服傳入中土，流行於中原，就此逐漸變化成各種形式。但春秋時期齊桓公為趕回國內即位，管仲以箭射之，僥倖射中帶鉤未死，所以帶鉤的起源又向前推至春秋早期。近年良渚文化遺物大量出土，也有帶鉤出現。其實帶鉤的用途多種，以先人的智慧早就會以「鉤」的用途做成各種工具，運用在日常生活中，例如樹枝的枝椏處可懸掛東西，就會聯想到將枝椏放在牆上來吊掛生活用品，進而用到衣著，也就不足為奇了。

　　帶鉤的形體呈 S 形，下面有柱，這是根本形式，無法改變，否則就不成帶鉤，常見的形制有，螳螂形、琵琶形、方柱形、圓柱形等，鉤首大都作龍首、鳳首或羊首，也有龍虎併體的，其下的柱，有作圓形、方形或橢圓形等。

　　帶鉤的材料以銅最多，也有銅鎏金、銅嵌玉、錯金銀等，玉製的比較少。到戰國晚期，玉帶鉤除實際用途外，漸漸變成餽贈及把玩的珍貴玉器，形體也隨之愈做愈大，如廣州南越王墓出土的龍虎併體帶鉤已非實用之器了。

圖 107 / 349

戰國｜白玉瓦紋帶鉤

長 7.5 公分

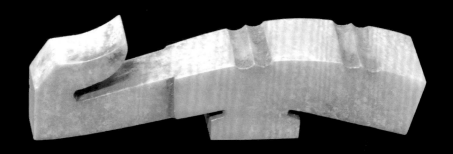

圖 069 / 626、800

春秋｜人面紋玉帶鉤一對

黃沁（整理過）
高 9 公分 寬 4.5 公分
硃砂（未整理）
高 8.9 公分 寬 4.5 公分

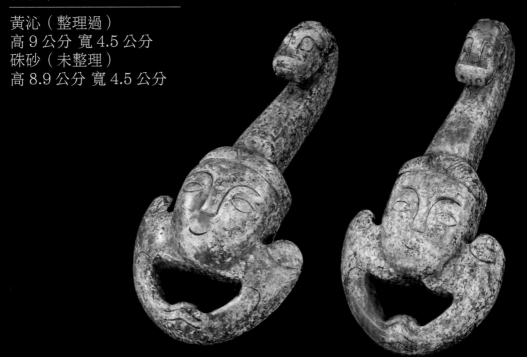

圖 115 / 425

戰國晚期｜青白玉虎首方疊紋帶鉤

長 12.1 公分 高 2.3 公分

圖 160 / 114

西漢｜白玉螭龍紋帶鉤

長 9.4 公分

圖 120 / 465

戰國│白玉龍鳳併體左右手帶鉤一對

長 12.8 公分

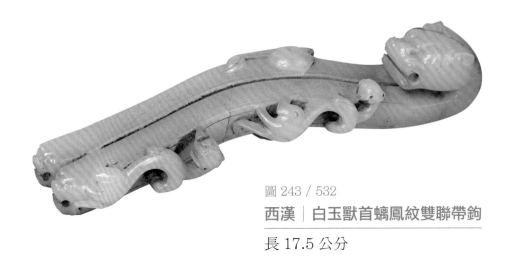

圖 243 / 532

西漢 ｜ 白玉獸首螭鳳紋雙聯帶鉤

長 17.5 公分

　　帶鉤的用途，目前有出土實物可資證明的有三種，一是安裝在腰帶上供束腰之用，如現代的腰帶頭，二是在左右肩際鉤袈裟上的環以固定上衣不會滑落，現在偶爾會看到仍在使用，三是將柱套入革帶上的縫或孔使鉤的一端在下面，有了這個鉤，隨時可以掛些小物件，因為古時候的衣服是沒有口袋的。

　　除上述三種用途外，還有學者持第四種觀點，在馬衡《中國金石學概要》中，有一段話：「其尺寸之大小，尤多殊異。經常所見者，大率當今尺三、四寸，或短至徑寸，皆為革帶之鉤。其長至徑尺者，多無文字，腰圍所不能繫，意蓋鞍飾 ...。」馬氏認為較長的帶鉤，不便做腰飾，所以是馬鞍上的飾品。此觀點因無出土實物資料，有些學者持保留態度，有待更進一部的資料進行討論。

　　圖 076 /024 白玉龍虎併體帶鉤，不僅尺寸大不適做腰飾，但也無法直立掛在鞍上，所以亦非鞍飾，筆者認為這類大帶鉤，應是當時（戰國時代）小國進貢大國，或兩國簽定盟約或嫁娶之信物。以玉當信物表示雙方必定堅守盟約的意思。

　　圖 080 / 038 白玉龍首雙聯帶鉤一對，形制與紋飾兩者幾乎相同，可知是一對，它側面透露的信息在於，這類帶鉤在戰國時是成雙成對的製作，且已不是實用器，除了餽贈把玩外也是一種約定的信物。

圖 076 / 024
戰國｜白玉龍虎併體帶鉤

長 24.7 公分

圖 244 / 536
西漢｜白玉雙龍首鉤連雲紋帶鉤

長 16.5 公分

圖 080 / 038
戰國 至 西漢早期｜
白玉龍首雙聯帶鉤一對

長 17.7 公分

圖 245 / 543

西漢｜白玉七節雙龍首九龍紋帶鉤一對

長 34.4 公分

二、帶扣

　　帶扣是由帶鉤演變來的，這一點是無庸置疑的。自漢代以後帶鉤就逐漸減少，為了在繫腰帶上使用方便，出現了「環扣」只要在腰帶的另一端繫上環扣，另一端繫上帶鉤，繫腰帶的動作就方便多了。故而以實用為主的青銅帶鉤，也就逐漸消失了。但以玉製成的帶鉤，並未消失，也因為它有獨特的線條與造型，漸漸被美化，不再是實用器，而成為陳設器或玩賞器，亦或是政治上的酬酢禮物。所以在歷代的玉雕工藝史上，屢有出現，直到明、清時代，玉帶鉤又被宮廷喜好而大量以白玉製作，尤其清朝皇宮貴族以帶鉤的形狀製成如意，作為陳設及餽贈之用。

圖 192 / 339

西漢｜青黃玉饕餮紋帶扣

左 長 7 公分 高 5 公分
右 長 6.6 公分 高 5 公分

圖 277 / 307

元代｜白玉海東青繫鵠大帶扣

長 16.8 公分

玉腰帶

　　玉腰帶是玉帶鉤、玉帶扣與多節珮的衍生物，將多節珮的兩端分別飾以帶鉤與帶扣，成為一條玉製的腰帶。

　　玉腰帶並非實用器，試想將一條玉腰帶繫在身上，行走、跨步是如何沉重，行走時又擔心它隨時會掉下來。所以玉腰帶應是作為陳設品或把玩、餽贈之用，流行於戰國及西漢早期，至西漢晚期時已逐漸銷聲匿跡。

玉節珮與多節珮

瞿中溶《奕載堂古玉圖錄》說：「……天子行步，則有環佩之聲。
注云：環佩之環，佩玉也，所以為行節也。玉藻曰：進則揖之，退者揚
之，然後玉將鳴也。」這就是形容腰間的佩環。

這種佩環緣由春秋的瓦形佩掛帶飾沿襲而來，春秋時代貴族有一種
佩掛飾，器作瓦形，前後有紋飾，下懸一活環，有的有繫耳，有的後有
鋬。腰帶由鋬穿過（或以繫耳佩掛），佩戴在身上。由於下面有活環，
玉匠又可發揮技巧，在活環上套接一節玉珮，技術純熟了，就可套接三
節甚或多節，多節珮於焉產生，不論是二節珮或多節珮，大多是以整塊
玉雕琢而成。多節珮由於雕琢技藝及選材困難，所以都是天子及統治階
層所擁有。

圖 113 / 414
戰國晚期｜
白玉透雕螭龍紋雙節珮

長 20.6 公分

圖 101 / 327

戰國｜白玉鱐鳳紋四節珮

長 14.5 公分

圖 143 / 637

戰國 | 青白玉龍鳳紋多節珮

長 72 公分　寬 6.5 公分

第四章　鑲嵌器

杖飾器──玉鳩杖首

　　鳩杖首為漢代特有的一種玉器形制，許多學者認為鳩杖的起源，源自我國古人對鳥圖騰的崇拜，也有持反對意見，認為我國早期就有崇拜鳥類，如鷹、鴉甚或鳳凰、朱雀等，甚少有對鳩的崇敬。幸而 1959 年甘肅武威磨嘴子地區出土一批漢墓，伴隨出土的十件木簡，稱為「王杖詔令冊」，此冊約成書於西漢成帝時期，裡面寫錄有關漢高祖頒佈王（玉）杖的詔書。其中第九到第十簡錄有：「高皇帝以來，至本始二年，朕甚哀憐耆老，高年賜王（玉）杖，上有鳩，使百姓望見之，比於節。吏民有敢罵詈毆辱者，逆不道。」

　　伴隨木簡也出土了兩根木鳩杖，同樣有一隻木鳩立於杖首，就相關資料顯示：目前所發現漢代的鳩杖並未規定材質，而只規定了尺寸、大小與使用者的年齡限制，且漢代出土的鳩杖首除木質外尚有銅質鳩杖首、玉質鳩杖首、鎏金鳩杖首。由此可知：漢代敬老制度中，朝廷明令，老者年七十歲以上，得持鳩杖，凡持鳩杖者，小吏、人民，必須尊敬，並奉以粥糜，如有怠慢，官府必予懲處，這是皇室所頒佈實施，所以又稱王杖。

　　至於為何用鳩，《後漢書・禮儀志》稱：「鳩者不噎之鳥，欲老人不噎。」但不噎之鳥有許多，為何選「鳩」，另東漢的《風俗通義》有記敍：「--- 高祖與項羽戰於京索，遁於薄中，羽追求之，時鳩止，鳴其上。追者以為無人，遂得脫，及即立，是此鳩，故作鳩杖以扶老。」這是鳩杖的起源。

　　《後漢書・禮儀志》載：「仲秋之月，縣道皆按戶比民，年始七十者，授之以王（玉）杖，餔之以糜粥。八十、九十禮有加賜，玉杖長九尺，端以鳩為飾。」

　　由以上出土資料及史籍可證明，漢代鳩杖是皇帝賜給七十歲以上的老者，要使全國百姓對老人的尊敬，或者當時平民以木鳩代表，貴族或官員則以銅鎏金或銅鳩，皇室用玉鳩，至東漢推行薄葬，捨玉就簡，故玉鳩杖首就更難見於出土墓葬，目前所知傳世的玉鳩杖首，僅見日本「有竹齋」（上野有竹氏）收藏一件漢代玉鳩杖首。

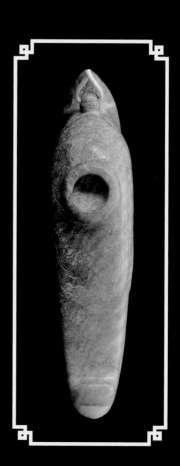

圖 199 / 384

西漢｜白玉鳩杖首

長 13.4 公分 高 6.6 公分
可參考日本有竹齋藏玉鳩杖首

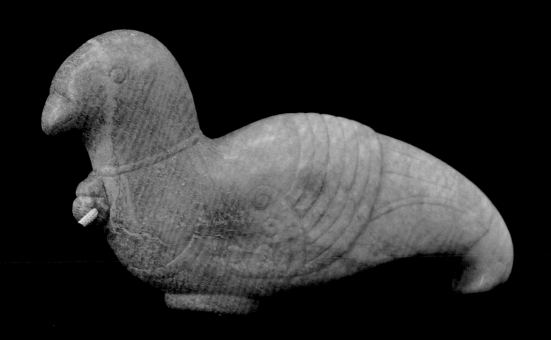

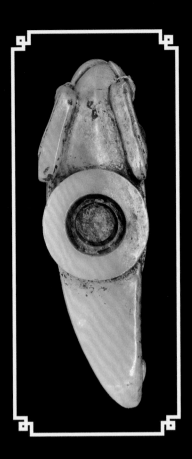

圖 079 / 037

戰國｜白玉圓雕鳳杖首

高 5.4 公分 橫寬 13.2 公分
深 4.2 公分

劍飾器

　　自西周晚期、春秋早期時，劍飾器已具雛形，到戰國就已大為風行，不論大小國君，文臣、武臣均以佩劍為禮。身分的尊貴則多以劍飾玉的多寡、優美論高低，一般稱為「玉具劍」。依據《漢書·匈奴傳》載：「單于正月朝天子于甘泉宮，賜以玉具劍。」所謂玉具劍，也就是鑲了玉的寶劍，孟康注釋「玉具劍」，即是「首、鐔、衛、摽，盡以玉為之。」

　　所謂「首、鐔、衛、摽」就是劍上的四個部位，這四個部位都以玉製成就稱為劍首、劍鐔、劍璏、劍珌。其中劍首、劍鐔這兩件是嵌在劍身上，以現在的說法，劍首是鑲嵌在劍把頂端的玉飾，劍鐔是護手。劍璏、劍珌是嵌在劍鞘上，劍璏是用來繫繩以便佩掛於腰際，一般鑲嵌於劍鞘前端三分之一處（這要端看劍的重心點及配劍人的習慣），劍珌則是鑲在劍鞘尾端的玉飾。

　　當臣子受賞賜劍飾器時，必須請玉匠鑲嵌於劍上，其中尤以鑲嵌劍璏較費時，因為除了配合重心外還需配合劍鞘厚度以及劍璏的垂捲長度，有時還需將劍璏的底部磨薄一些，才能鑲嵌，所以我們可以從劍璏的底部有無磨削的痕跡來斷定劍璏是否已鑲嵌使用過。

　　這些劍飾器在春秋至漢的墓葬中都有零星出土〈目前有整套出土紀錄的僅有南越王墓〉，且大都有使用痕跡〈已鑲嵌於劍上〉，有的墓葬出土的寶劍僅鑲有劍首，有的鑲劍首及劍珌，較少的是劍首、劍珌、劍璏同時鑲嵌於一劍出土，只有劍鐔出土最稀少。

　　由出土的實物研判，說明劍飾器在當時是皇帝分別賞賜給有功的朝臣。最初賞賜劍首，再有功則賞賜劍珌，再則是劍璏，最後才賞賜劍鐔（類似現代文官或武官獎章制度），受賞之大臣及諸侯將玉劍飾鑲於劍上佩掛，以顯榮耀（當時佩劍是一種禮儀）。所以只有漢代帝王陵寢才有整組未鑲嵌（未使用）的劍飾器出土，諸侯、王公、將相等級的墓葬有零星的劍飾器出土應屬正常。到了東漢晚期三國時代，帝王權勢漸失，致使劍飾器徒流形式。

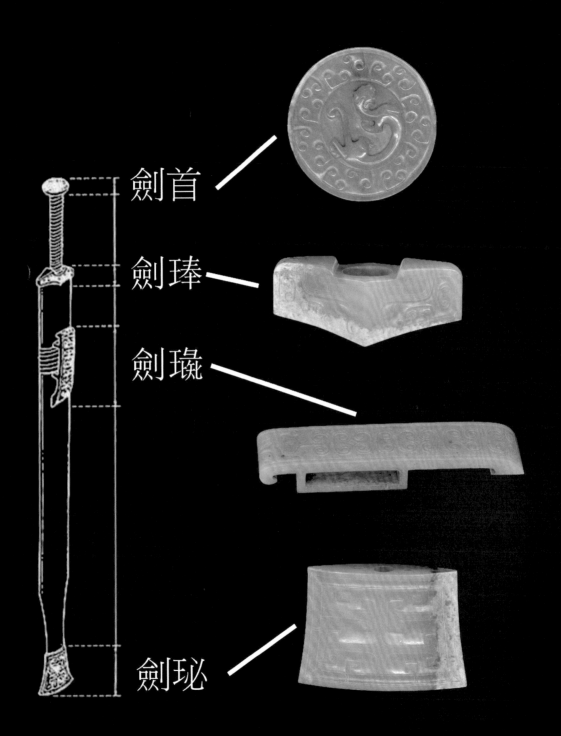

劍首

劍琫

劍璲

劍珌

　　雖然劍飾器在戰國時就有用作政治餽贈，但西漢時此風未流行，東漢末年以後又開始流行餽贈。政治餽贈用的劍飾器不同於賞賜的劍飾器，賞賜的劍飾器是要能鑲嵌於劍上，而餽贈用的劍飾器則不須鑲嵌，所以餽贈用的劍飾器一般不適合鑲嵌（例如有些劍**璏**垂捲角度無法鑲嵌於劍鞘上），有的尺寸加大一至二倍，這可能是餽贈與賞賜有功朝臣因用途不同而有意作出的結果。

　　劍飾器除了以上四件外，這裡還要提到「劍璲」，也稱「帶璲」，有些學者認為「璲」即是「**璏**」，事實上**璏**是鑲嵌在劍鞘上的，璲是繫在腰帶上的帶飾，用以佩劍，不能視為同一物，《詩經・小雅・大東》載：「鞙鞙佩璲」可見璲是佩帶之物，如瞿中溶《奕載堂古玉圖錄》所說：「用以繫劍，而勒在腰帶間之物。」

　　漢書王莽傳：「莽疾，孔休候之，莽緣恩義，進其玉具寶劍，欲以為好。休不肯受，莽因曰：『誠見君面有瘢，美玉可以滅瘢，欲（余）獻其瑑耳』即解其瑑。」「瑑」即是「璲」，璲是帶飾，非劍上之飾，所以可解，當時無璲不能佩劍，王莽進劍而解璲是合乎常理的。

圖 246 / 530

西漢｜白玉巧雕獸鈕帶璲

寬 3.2 公分　高 7.7 公分

圖 161 / 115

西漢｜白玉浮雕螭龍紋帶璲

長 3.5 公分

圖 144 / 521

戰國｜黃玉穿雲螭帶璲

長 7.8 公分 寬 3.8 公分

圖 247 / 526

西漢｜白玉螭龍紋出廓劍璏

長 10.5 公分 厚 1.7 公分

圖 248 / 527

西漢｜白玉螭龍紋劍璏

長 11.2 公分 厚 1.4 公分

圖 214 / 446

西漢｜白玉獸面鉤連雲紋劍璏

高 1.4 公分 長 11.2 公分

圖 185 / 274

西漢｜白玉螭紋帶璲

高 5.3 公分

圖 249 / 544

西漢早期 ｜ 白玉劍飾器一組

劍首 直徑 6.1 公分　高 4.3 公分
　　　最寬處 8.2 公分
劍璏 橫寬 8.8 公分　厚 4 公分
　　　深 5.5 公分
劍璲 長 12.3 公分　厚 4 公分
　　　橫寬 2.9 公分
劍珌 長 7.8 公分　底寬 6.9 公分
　　　厚 4.5 公分

圖 196 / 359

西漢 |
白玉高浮雕螭虎紋劍飾器一組

劍首 直徑 4.8 公分 厚 2.2 公分
劍璏 橫長 5.5 公分 厚 2.5 公分
劍珌 長 11 公分 厚 2.3 公分
劍格 高 4.8 公分 橫寬 6 公分

圖 165 / 124

西漢｜白玉高浮雕螭紋劍飾器一組

劍首 直徑 4.7 公分
劍璏 橫寬 6 公分
劍珌 長 9 公分
劍珌 高 5.2 公分

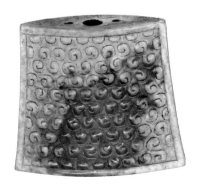

圖 166 / 125

西漢｜青黃玉穀紋雲紋劍飾器一組

劍首 直徑 4.9 公分
劍璏 橫寬 6 公分
劍璏 長 8.5 公分（曾鑲嵌劍鞘）
劍珌 高 4.7 公分 寬 5 公分

玉鋪首

　　鋪首源自於門牖的拉環裝飾，紋飾及形式多樣，但多做獸首衘環，鑲嵌在門扉上，除裝飾效果外還供來訪的賓客掀圓環敲門，稍講究的大戶在雙開大門鑲上一對銅鎏金鋪首，氣派非凡，使來訪賓客見大門望而生敬。所以實用性的鋪首，多以銅質製作，亦有銅鎏金的，自東周時即有以玉雕製作，但都是供玩賞或餽贈之用。

　　鋪首上的獸，本名椒圖，是龍生九子之一，因性好閉，似螺蚌，所以其父授予守門職責，又有避邪作用。戰國諸侯墓及漢代帝王陵寢大門都嵌有鋪首，戰國鋪首圖騰較漢代複雜，除獸首衘環外，獸面額上浮雕一鳳，鳳身左右各飾一蛇（一曰虺龍），鳳爪擒住蛇尾，獸面兩側浮雕蟠龍，環上亦浮雕一對蟠龍，紋飾精美，氣勢磅薄。漢代鋪首則於獸面四周浮雕四靈（青龍、白虎、朱雀、玄武）或螭龍，紋飾較為簡單。

　　出土的銅鋪首請參考：1966 年於河北易縣燕下都老姆台出土一戰國晚期銅質「立鳳蟠龍大鋪首」長 74.5 公分，寬 36.8 公分。

　　出土的玉鋪首請參考：

（1）陝西省興平縣漢武帝茂陵，出土玉鋪首殘件（下環散佚），寬 35.6 公分，厚 14.7 公分，重 10 公斤。

（2）西漢中山靖王墓，出土一件銅鎏金嵌玉鋪首，長 12.4 公分，寬 9.4 公分，白玉質。

（3）西漢南越王墓出土一件玉獸衘璧鋪首，長 16.7 公分，寬 13.8 公分，青玉質，此器堪稱西漢鋪首的代表作。

圖 152 / 188

西漢早期｜黃玉牛首紋鋪首

高 22 公分 寬 18 公分
可參考「滇國青銅藝術」一
書（圖 251）

圖 097 / 309

戰國｜青黃玉饕餮紋鋪首一對

高 16.8 公分　長 11.2 公分

圖 250 / 623

西漢｜銅鎏金嵌青玉鋪首一對

左 高 19 公分 寬 13 公分
右 高 19 公分 寬 13.3 公分

其它

　　鑲嵌器主要的除以上三項外，還有零星鑲嵌在其它工具上，如硯盒、墨床、漆器盒、勺柄等。

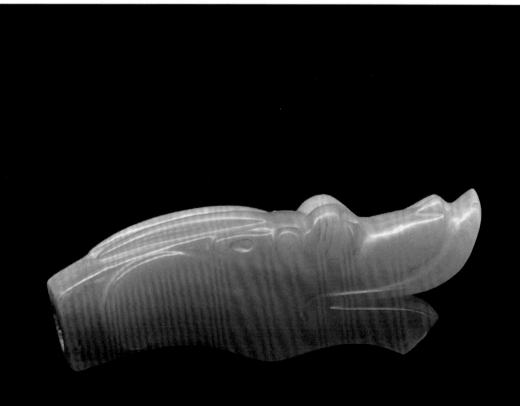

圖 187 / 304
西漢｜白玉龍首嵌件（勺柄）
長 5.8 公分

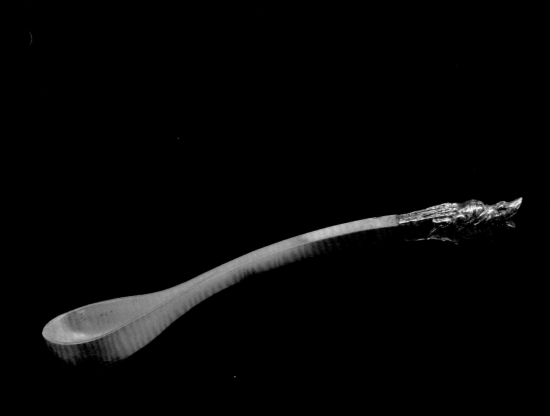

圖 188 / 313

西漢｜白玉鑲金龍首盛露勺

長 17.5 公分

第五章　像生器

玉人及玉神人

　　用玉雕琢人像，有出土記錄的始於文化期，尤以紅山文化的圓雕神人為代表。其餘如：石家河文化、龍山文化、良渚文化的玉人大都是板狀體，也僅是以象徵人類五官的臉形，或可稱為人面紋器飾或臉譜。至於文化期的玉人像只是具備人的外形，或僅是抽象的代表一個人的形狀或一個神人，並非以寫實的雕琢手法來表示人的外觀及五官。直到商代才以圓雕或半圓雕手法來表示玉人，如婦好墓出土的玉跪人像，西周的文官俑、胡人俑、春秋的男女童俑，戰國的樂俑等，其造型及紋飾仍脫不了統治階層的神權色彩。

　　至西漢早期起，玉雕人物的表現方法才有了重大突破，它不再是以無上的神權思想為主軸，轉向以寫實風格與極細膩的雕琢工藝技術來表示玉匠們對人像的藝術傳達。如廣州南越王墓的玉舞人、河北滿城陵山一號墓的玉坐人、以及傳世與出土的雜耍俑、說唱俑、喜丑俑等。

　　東漢、魏晉以後由於受到外來的宗教思想及西域風格的影響，人物造型除偏向寫實外又加上神仙思想。如：有羽翼的仙人、人首獸身的仙獸等。唐宋以後則流行意寓吉祥壓勝的玉人，如翁仲、荷盒二仙、執荷童子、摩訶樂等。

圖 012 / 329
石家河文化｜白玉神人頭像
高 11.7 公分

圖 013 / 400
石家河文化｜青黃玉戴冠神人面飾
高 9.8 公分

圖 014 / 601
石家河文化｜白玉人首飾
高 8.9 公分　寬 5.7 公分

圖 015 / 600

石家河文化｜白玉人首飾

高 5.3 公分 寬 6.5 公分

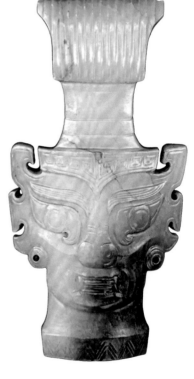

圖 016 / 602

石家河文化｜白玉人首飾

高 15.3 公分 寬 8 公分

圖 017 / 603

石家河文化｜白玉鷹攫人首飾

高 10.7 公分 寬 5.5 公分

圖 032 / 619

商代｜神人騎獸

高 9.4 公分　寬 5.5 公分

圖 004 / 629

紅山文化｜黃玉神人騎獸

高 12.5 公分　寬 5.5 公分

圖 003 / 628

紅山文化｜青白玉太陽神

高 14.4 公分　寬 5.5 公分

圖 030 / 466

商代｜三星堆玉人首嵌件

左上 高 7.5 公分

右上 高 6.3 公分

中央 高 6.6 公分

左下 高 5.9 公分

右下 高 7.1 公分

可參考金沙遺址

圖 028 / 456

商代｜白玉戴夔龍冠踞坐人

高 6.5 公分

圖 027 / 441

商代｜青黃玉跪坐胡人

高 5.7 公分

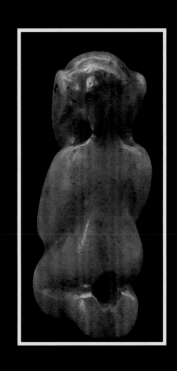

圖 033 / 501

商代｜白玉跽坐人像

高 7.1 公分 寬 8.2 公分

圖 034 / 520

商代｜青黃玉圓雕跽坐人像

橫寬 3.4 公分 深 3.7 公分
高 6.6 公分

圖 020 / 243

商代｜青黃玉君王坐像

高 9.4 公分

圖 149 / 247

秦代｜白玉持物跽坐人像（俑）

高 7.5 公分

圖 272 / 537

唐代｜青白玉胡人獻貢立像

高 6.5 公分

圖 211 / 426

西漢｜白玉圓雕內侍坐俑

高 7.3 公分　長 4.1 公分

圖 094 / 276

戰國｜黃玉文官俑

高 8.7 公分

圖 148 / 145

秦代｜白玉仕女俑

高 21.3 公分

圖 056 / 607

西周早期｜白玉圓雕立人

高 7.4 公分 寬 3 公分

圖 251 / 620

西漢｜白玉圓雕玉人

高 8.8 公分 寬 2.8 公分

圖 150 / 631

漢代｜青白玉圓雕玉侍人

高 10.5 公分 寬 2 公分

圖 267 / 502

東漢｜黃玉圓雕舞人

高 11.9 公分 寬 9.5 公分

圖 268 / 503

東漢｜黃玉圓雕舞人

高 11.9 公分 寬 10 公分

瑞獸

一、天祿與辟邪獸

　　辟邪與天祿，常常並稱，《後漢書·孝靈帝紀》載有「天祿」二字，唐代李賢注：「今鄧州南陽縣北有宗資碑，旁有兩石獸，鐫其膊，一曰天祿，一曰辟邪。」另《後漢書·西域傳》記有：「烏弋山離國有桃拔、師子、犀牛。」其中師子就是獅子，而桃拔是何動物？孟康對後漢書的注釋曰：「桃拔，一曰符拔，似鹿，長毛，一角者或為天鹿，兩角者或為辟邪。」另《後漢書·班超傳》載有：「月氏貢符拔、獅子。」孟康注：「符拔，形似麟而無角。」，「符拔，似鹿，長尾，一角者為天祿，兩角者為辟邪。」。這是古籍有關辟邪的記載。

　　傳說中，辟邪與天祿均屬靈異瑞獸，但為何稱天祿、辟邪呢？考諸古籍大概取自《尚書》中「天祿永終」一詞吧，辟邪則是「辟除崇邪」、「驅走邪穢，拔除不祥」之意。從實物遺跡看，古制陵前石獸，位於陵左的大都是兩角，位於陵右則都是一角。南陽古城宋墓的二獸，頭上兩角的獸刻有辟邪二字，一角的則刻天祿二字，這與文獻上記載不謀而合。目前中外各大博物館所藏辟邪的特徵是：「頭上長角，身生雙翼，尾長，四足，足後有陰刻線做鬣毛，爪有力作釘形，足底有刻紋，獸尾作花瓣狀或扭繩紋，骨節稜露，背脊線作　⌒　形狀。姿態昂首而立，有作伏臥狀，也有張口咧嘴狀。」有這些形式及特徵的圓雕動物統稱為辟邪，至於無角的一般則稱之為「符拔」或「桃拔」。

圖 173 / 177

西漢｜白玉圓雕母子瑞獸

高 3.6 公分 寬 6 公分

圖 218 / 026

漢代 至 三國｜白玉圓雕穿雲螭紋瑞獸

高 5 公分 長 9.5 公分

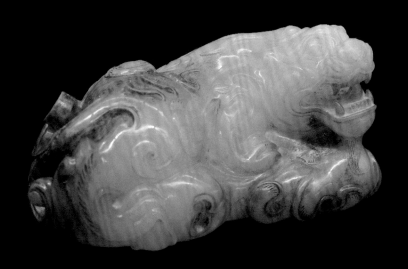

　　從出土的實物看，辟邪最早出現在戰國墓葬中，有石製、銅製也有錯金銀，如同早期的鎮墓獸，以辟除魑魅魍魎之類的精怪。至魏晉時漸漸走出墓室，形體也以石雕（及汗白石）為主，並逐向大件發展，最後座落於陵墓前，為墓主守護。而小型玉辟邪的大量出現，大約從西漢開始，用做壓勝之物，或佩戴，或餽贈，或把玩，直至六朝均很流行，此時較大件的玉辟邪，主要做為案頭把玩的擺件。

圖 167 / 141

西漢｜青黃玉匍行辟邪獸

長 13 公分

圖 252 / 614

西漢｜白玉辟邪獸（天祿）

高 6.5 公分 寬 10 公分

圖 112 / 174

**戰國晚期 至 西漢早期｜
白玉翹尾神獸**

長 13 公分 高 3.5 公分
可參考南京博物館藏西
漢大雲山江都王劉非陵
寢出土的錯金銀銅虎鎮

圖 178 / 212

西漢｜白玉符拔

高 5.1 公分 長 11.4 公分

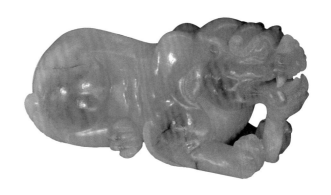

圖 253 / 615

西漢｜白玉辟邪獸（天祿）

高 6.2 公分 寬 12.5 公分

圖 269 / 625

東漢｜白玉辟邪獸（天祿）

高 7.5 公分 寬 11.5 公分

圖 261 / 613

東漢 │ 青黃玉辟邪獸一對

左 高 10.5 公分 寬 12.3 公分
右 高 10.5 公分 寬 12.5 公分

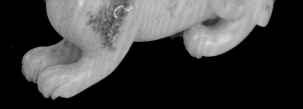

圖 151 / 088

西漢早期│白玉長吻辟邪獸

高 4.2 公分 長 10.5 公分

圖 213 / 439

西漢│瑪瑙辟邪獸

高 5.2 公分 長 5.9 公分

圖 145 / 551

戰國｜白玉虺龍紋臥虎

高 4.8 公分 寬 6 公分

圖 156 / 022

西漢｜白玉圓雕祥鳳瑞獸擺件

高 7.7 公分

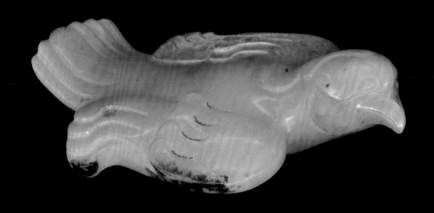

圖 206 / 238

漢代｜白玉鳳鳥

長 9.5 公分　高 3.2 公分　寬 5.7 公分

圖 090 / 206

戰國｜白玉圓雕辟邪獸（天祿）

長 12.6 公分　高 3.3 公分

圖 179 / 214

西漢｜青黃玉帶座天祿一對

高 6.1 公分 長 12.5 公分
附圖為天祿底座

圖 198 / 372

漢代｜白玉圓雕辟邪天祿一對

天祿（上）　高 4.8 公分　長 10.3 公分
辟邪（下）　高 5.5 公分　長 8 公分
從工藝角度可看出這對辟邪天祿出自同一玉匠

圖 255 / 700

西漢｜白玉辟邪獸

高 4.8 公分 長 16 公分

圖 184 / 246

西漢｜白玉圓雕母子獸

長 13.6 公分 高 7.8 公分

圖 176 / 197

西漢｜白玉辟邪、天祿神獸

上 長 4.7 公分
中 長 4.9 公分
下 長 4.2 公分

圖 035 / 604

商晚期｜白玉圓雕玉虎

高 1.8 公分 寬 10 公分

圖 036 / 605

商代｜青黃玉圓雕立鳥

高 11 公分 寬 8.5 公分

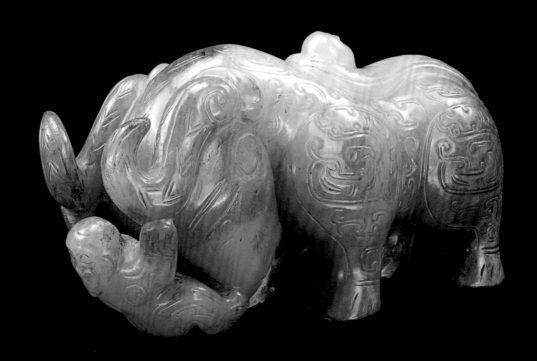

圖 070 / 606

春秋｜白玉神牛護童子

高 6.6 公分　長 12.5 公分
寬 4.5 公分

圖 273 / 518、519

唐代｜白玉神獸一對

左
深 10.9 公分　寬 4.6 公分
高 12.8 公分

右
深 10.5 公分　寬 4.1 公分
高 13 公分

二、玉龍

　　玉器中最早出現的龍形，要算是紅山文化出土所稱的 C 形龍、豬龍玦，其次是商代婦好墓的蟠龍。殷墟出土的龍多為半圓雕或片雕玉珮，片雕龍紋珮外形如璜或玦形、C 形，背多有戚齒，頭有蘑菇角，尾捲曲，有一足作爪形，眼作臣字眼或目雷紋。西周初期的龍紋珮，仍沿襲商代的式樣，後來形體漸細長，背戚齒簡化或退去，紋飾漸複雜，也雕有人龍合體的玉珮，圓雕玉龍則非常罕見。

　　到了春秋戰國的龍幾乎有了統一的形制，外形曲折宛轉多作 S 形或雙 S 形，有些側身出單鰭或雙鰭，尾部成鳳首〈或稱龍鳳珮〉或魚尾，龍頭一般都是上唇較長而下唇較短〈至戰國後期龍頭變化成斧形下唇〉，春秋時周身琢龍首紋或變形雲紋，戰國多琢穀紋或雲紋。

　　漢代因為螭紋盛行，龍紋反而減少，圓雕玉龍更為罕見，片雕的龍紋珮，龍首上唇也較長，幾乎與戰國後期無多大差別。

圖 274 / 630

唐代｜白玉走龍

高 7.8 公分 寬 12.5 公分

圖 040 / 095

西周｜白玉走龍一對

左 長 22.5 公分
右 長 19.2 公分

圖 180 / 215

西漢｜白玉長吻（饕餮）蹲臥龍

高 6 公分 長 18 公分

三、天馬、玉馬

歷朝歷代養馬最盛行的朝代除了大唐就是漢代了，然唐代是接受並融合中西文化的大盛世，所以各種血統的馬匹都有豢養，馬種除亞洲馬外尚有歐洲及阿拉伯馬，並以用途來分，戰馬、舞馬、球馬及郊遊騎射馬等。而漢代養馬首重軍事用途，馬種有中原馬、蒙古馬、匈奴馬（俗稱汗血寶馬）等。

唐代墓葬制度有一定的禮制，事死如事生的觀念盛行，且貴族生活首重金銀器，所以出土多三彩陶馬及金、銀器馬，玉雕馬甚少出現。漢代玉雕盛行，出土的玉雕馬形形種種，或立，或奔，或拉車，也有供仙人騎坐，甚有專雕琢玉馬頭，鑲嵌於以陶、石、木雕塑成的馬身，作張嘴嘶鳴狀，極具寫實風格。

陝西省咸陽市附近發現漢元帝渭陵墓（原漢昭帝平陵遺址）出土一匹玉奔馬，通高 7 公分，長 8.9 公分，用白玉雕成，足踏在刻有雲紋之長方形托板上，馬昂首、張口、露齒、雙耳聳立，兩眼直視，身軀肥圓，四肢粗壯有力，做奔騰前進狀，極具動態。馬上圓雕一玉人，肩有羽翅，文物考古工作者稱為「羽人奔馬」或「仙人奔馬」，也有人稱：「身著短衣的武士」。其實歷年來漢墓曾出土一些玉奔馬、羽人奔馬、羽人騎獸等圓雕動物，這些動物都側生羽翼，應屬仙界神獸，所以都是皇室或統治者的大墓所有，且與當時帝王的神仙思想有關。因為漢代時官民相傳羽人本身能長生不老，並握有不死仙丹（靈芝），能引領死者靈魂升天。

圖 181 / 216

西漢｜白玉坐姿天馬

高 10.5 公分　長 12.3 公分

圖 256 / 609

西漢｜青黃玉鐵沁仙人奔馬

高 9.6 公分 寬 12.8 公分

圖 157 / 046

西漢｜白玉馬上封侯擺件

長 15 公分 高 7 公分

圖 264 / 035

東漢｜白玉仙人奔馬一對

長 7.8 公分　高 3 公分

四、麒麟、獬豸

　　麒麟、獬豸，屬想像動物。「獬豸」音「蟹」「智」，似鹿也稱獬鹿，觬虎。一般器型都作圓雕，姿態一足前跪，三足曲臥，昂首挺胸，頭頂豎一尖角，雙耳直立，以陰線刻劃出眼及鬃毛。《說文解字》：「獬廌，獸也，似山牛，一角，古者決訟，令觸不直者。」

　　東漢楊孚《異物志》：「北荒之中，有獸名獬豸，一角，性別曲直，見人鬥觸不直者，聞人爭咋不正者。」

　　大陸古裝戲「大秦帝國」，劇中商鞅變法使秦國由貧弱走向富強，並為秦收復河西之地，舉國歡騰，秦孝公嬴渠梁論功行賞之際，不乏錦上添花之臣，紛紛大獻賀禮，此舉與新（變）法不合，但卻是老秦人的風俗，上大夫主張以「下不為例」處理，商鞅決意「依法行事」，謂：「法獸獬豸，何以只有一角？法，只有一種，不是合法，就是違法，沒有中間路線，若此次例外則下次難保沒有例外…。」可見獬豸並非陌生名詞。

　　古有「獬豸決訟」之說，自此獬豸的形象，成為歷史法官的代稱，堅持正義，專擊不公正者。麒麟偏旁從鹿所以也似鹿，公獸為麒，母獸為麟，性情溫和，不傷人畜，不踐踏昆蟲花草，據說能活兩千年，古稱「仁獸」。麒麟身形似鹿，頭生有鹿角，尾如牛尾，足如馬蹄，古時也有人稱「四不像」。麒麟與獬豸最大不同，一是麒麟兩角而獬豸一角，二是麒麟的足是足蹄，而獬豸的足是獸爪。

圖 200 / 394

西漢│青黃玉幼鹿（幼麒麟）

高 2.4 公分 長 3.2 公分
曾被博物館及藏家推定為最
早所見的玉雕獬豸，依現在資
訊判斷可能是幼鹿或幼麒麟

五、四靈獸

四靈指的是青龍、白虎、朱雀、玄武四種靈獸，代表東西南北四個方位的座獸，這四種靈獸，從出土資料來看，個別出現的時間約在商周時期，四靈同時出現約在春秋，流行於戰國、西漢。大多以浮雕技藝分別裝飾於璧、環、琮、璜上，也有裝飾為印鈕。為了使人感受這四種靈獸的威力，一般都塑造成有翼的四種動物，但也有無翼的白虎與玄武。

圖 117 / 430

戰國晚期 至 西漢早期
黃玉四靈紋出廓璧

高 10.8 公分
直徑 10.3 公分

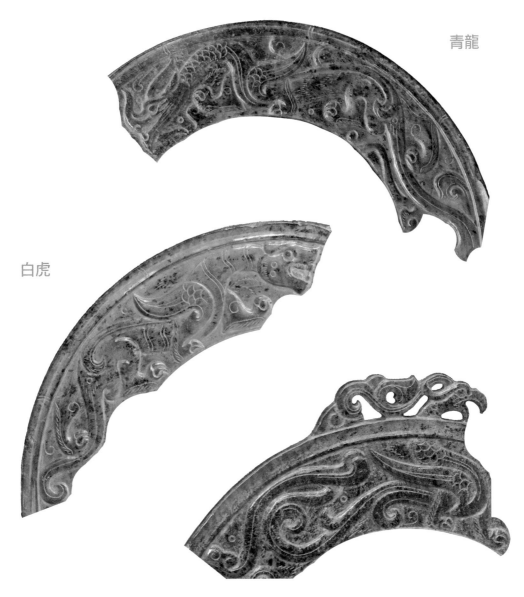

青龍

白虎

朱雀

玄武

（1）青龍

　　青龍主東方，代表青色。在中國人的心目中龍的地位是很高的。從先秦時代開始青龍就是代表太昊與東方七宿的神獸，而龍的主要能力便是呼風喚雨，能給大地降雨，因為龍是天庭降雨的使者，能夠讓人們豐衣足食，所以在農業社會中備受尊敬與崇拜。佛經所説的「大鵬食龍」食的並非是龍而是「娜迦」，娜迦，是一種身軀較大的蟒蛇，在古印度的神像中，多可見到。

圖 038 / 051

西周｜白玉走龍

長 19.2 公分

圖 052 / 049
西周早期 │ 白玉龍首紋臥虎
長 18 公分

（2）白虎

　　白虎主西方，代表白色。虎，為百獸之長，在古人心目中，虎是可怕又可敬的動物，可怕的是，它會食人畜，可敬的是它威猛和傳說中有降服鬼魅的能力，所以它也變成了屬陽的神獸。白虎又是戰神、殺伐之神，具有正陽避邪、揚善懲惡、驅逐邪疫、權力與財富以及締結良緣等多種神力。白虎不一定是指白色的老虎，因虎是西方的代表，西方在五行中屬金，金的對應顏色是白色。

圖 025 / 420
商代 │ 白玉圓雕立虎
長 9.4 公分 高 3 公分

（3）朱雀

朱雀主南方，代表紅色，又稱為「火鳥」，其身覆火焰，終日不熄。從先秦时代開始，朱雀就是代表炎帝與南方七宿的神獸，到了漢代五行學說開始興起，它又多了代表的季節為夏季。很多人將朱雀認為是鳳凰的一种，實際上朱雀與鳳凰存在極大的不同，且作為天之四靈之一的朱雀比《禮記》的鳳凰更加尊貴。

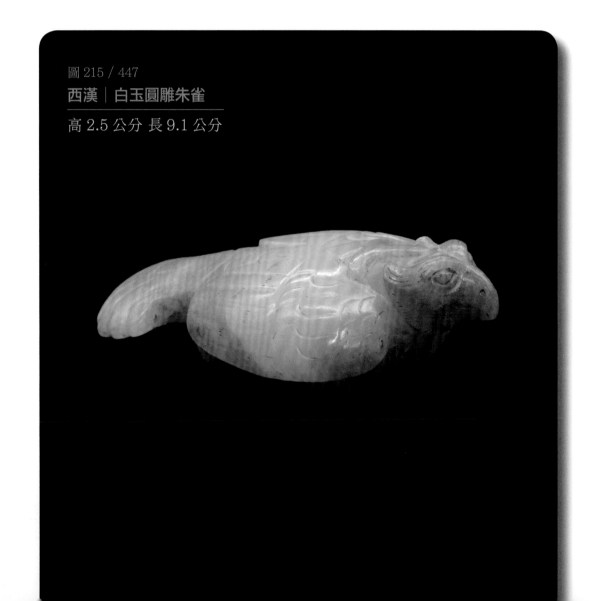

圖 215 / 447
西漢｜白玉圓雕朱雀
高 2.5 公分 長 9.1 公分

圖 257 / 524

西漢｜白玉圓雕朱雀

長 9.3 公分 寬 4 公分
高 6.4 公分

圖 258 / 516

西漢｜白玉圓雕朱雀

橫寬 9.8 公分 高 4.9 公分
厚 3.7 公分

圖 146 / 549

戰國｜白玉朱雀

高 6 公分 寬 2.6 公分

（4）玄武

　　玄武主北方，代表黑色，由龜和蛇組合成的一種靈物。玄武的本意是玄冥，「玄」是黑的意思，「冥」是陰的意思。玄冥起初是對龜卜的形容：龜背一般是黑色的，龜卜就是請龜到陰間去請問祖先，再將祖先訓示與答覆帶回陽間，以卜兆的方式顯示給世人知曉，所以最早的玄武就是烏龜，也是一種神龜，這種龜不同於一般的烏龜，它的尾巴細長，長到數公尺，有的十餘公尺，爬行時會將尾巴盤繞於背部，使人乍看之下，像是蛇盤於龜背上。龜都生活在江河湖海，所以玄冥不僅是北方神，也是水神，烏龜又長壽，因而玄冥成為長生不老的象徵。

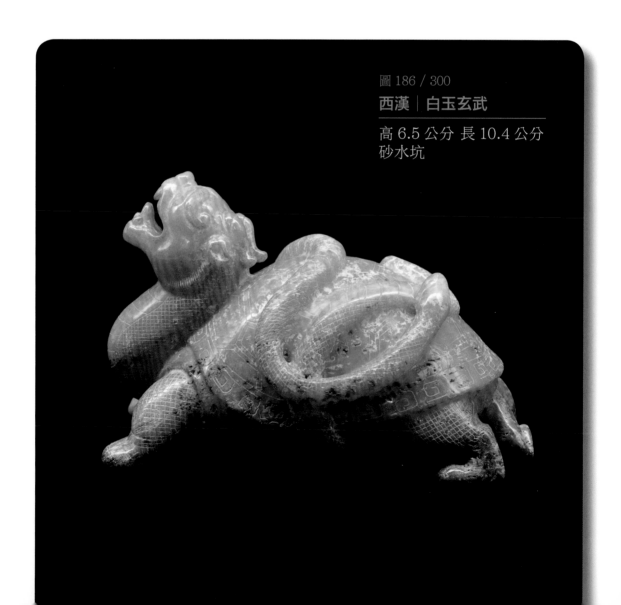

圖 186 / 300
西漢｜白玉玄武
高 6.5 公分 長 10.4 公分
砂水坑

圖 219 / 460

漢代｜白玉劉畯及四靈鈕吉祥印璽一組（四加一）

高 5.5 公分　寬 5 x 5 公分

肖生動物

　　所謂肖生動物即是指立體圓雕動物，立雕的動物在中國古玉器史中較為少見，但有兩個時期多有製作，一是商代中晚期，一是戰國晚期至西漢，雖然春秋也有肖生玉雕出土，但只是寥寥數件。而漢代的圓雕動物又與商代的半圓雕動物造型截然不同。演化過程近乎空白，所以應屬兩個不同時期的產物，應是各自獨立發展而成的。

　　商代肖生動物大都以小件昆蟲為主，偶見大型動物如熊、虎、牛、鴞、象等，但也都是以小件作品表示，且屬於半圓雕動物或象形動物，象形動物又以條狀及柱形較多，種類有虎、鷹、魚、蟬、龍、牛、兔、龜、鰐、鴞、壁虎、豬等。西周的圓雕動物，則更稀少，目前所見的多以表示山海經的神獸，如行龍、玄武等。漢代動物則趨向寫實風格及仙界的神獸型態發展，這些仙界動物很可能受漢初流行的博山爐上，層巒疊翠的山峰間充滿神獸的造形所影響（博山爐上的神獸又受山海經的影響）。種類有鳥、熊、大象、駱駝、牛、馬、羊、鹿、豬、蟾蜍、蟬及飛虎、飛熊、辟邪、飛馬、四靈獸等，尚有一些不知名的動物通稱為瑞獸。這些立雕動物造型也較大，細部刻畫入微，器表琢磨光亮。

　　六朝肖生玉雕數量極少，常見的仍是帶有仙界意味濃重的吉祥動物，如帶翼的飛虎、飛熊或鳳凰、靈龜等。直至宋代始有寫實動物出現，如：犬、馬、豬、牛、羊、鹿等，也有一些靈獸出現，如：龍、鳳、贔屭、玄武等。

圖 259 / 529

西漢｜黃玉圓雕鳳鳥

長 9 公分　高 2.5 公分

圖 044 / 278

西周｜黃玉圓雕坐猴

高 7 公分

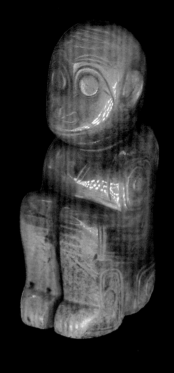

圖 037 / 528

商代｜青白玉跽坐熊

寬 2.1 公分 深 3.1 公分
高 5.5 公分

圖 051 / 442

西周｜白玉蹲臥虎

高 3.5 公分 長 11.7 公分

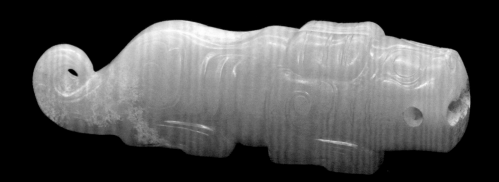

　　戰國晚期至西漢早期的玉雕工藝非常嚴謹，此時期的工匠仍採世襲制度，風格擅長用極細緻的線條刻劃動物的羽翼及腿部細部特徵。這類立雕動物大都屬王室或最高統治階層及貴族所有，其他人士則難窺其貌。

　　自戰國以來，玉佩飾器多成雙成對雕琢，如張儀出使遊說各國即攜白璧百雙，除璧外尚有璜、環、觿、玦、瑗、韘形珮等都有成對出土或傳世。這些片雕玉飾多是先完成整體雛形後，從中剖開兩片，再雕琢精細紋飾，所以合起來幾乎是密合的。圓雕動物就不同了，需先有較大的玉材或大小、玉質類同的玉料，這時就可雕琢形態配對的動物，最早成雙的圓雕動物，大概要算是商晚期婦好墓出土的一對玉虎，玉虎是以雌雄姿態出現，這種以雌雄配對的圓雕動物，一直延續至春秋晚期。戰國的圓雕動物，則多以左右對稱的姿態呈現，除玉雕外，銅鎏金、錯金銀、銅鎏金鑲嵌寶石等的動物亦常見左右對稱，如中山國王墓出土的一對錯金銀辟邪獸，這種左右對稱的圓雕動物，一直影響到清代的動物造型。

圖 057 / 550

西周｜白玉鴞

高 4.2 公分 寬 5.5 公分

圖 203 / 199

漢代｜白玉坐熊

高 4.2 公分

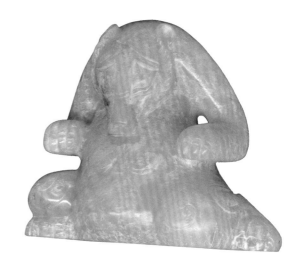

圖 164 / 119

西漢｜青黃玉蹲坐熊

長 5.8 公分

圖 195 / 357

西漢｜白玉圓雕臥鹿

長 5.8 分　高 2.8 公分

圖 182 / 217

西漢│青黃玉立鹿一對

高 14 公分

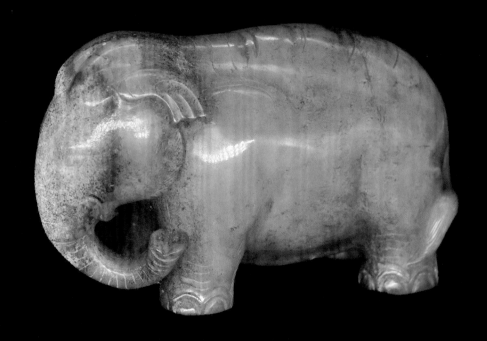

圖 158 / 089

西漢｜黃玉圓雕立象

高 5.8 公分 長 10 公分

圖 260 / 801

西漢｜玉牛

長 18 公分 高 18 公分
寬 7 公分

圖 168 / 159

西漢｜白玉蹲臥駱駝

長 25 公分 高 8.9 公分

圖 280 / 534
元代｜白玉魚化龍
長 14.3 公分　高 6 公分

圖 207 / 239
漢代｜白玉熊
長 10 公分　高 5.8 公分

圖 169 / 160

西漢│白玉擡腳馬

長 15.2 公分　高 15.8 公分

兩棲爬蟲動物

一、蟾蜍

　　出土的玉雕蟾蜍，最早可追朔至文化期，殷商時較多，大都以鳥瞰圖來雕刻，形似扁圓，取其禦敵或憤怒時把腹部漲得渾圓如球，與玉蛙很好區別，此時的蟾蜍大都是鑲嵌件。東周以後的蟾蜍就很少出現，漢早期有立體圓雕出現，數量也很稀少，宋代時出現三腳蟾蜍，那是代表財富，所以人們爭相購買，以為可以求得財富，近代陳設器雕有「劉海戲金蟾」，所雕蟾蜍是三足的。

二、蠑螈

　　蠑螈是一種兩棲動物，形似蜥蜴，四支較短，大都出土於文化期，有圓雕及片雕，殷商時期也有出土，是以鳥瞰圖形雕成，一般用作佩飾。

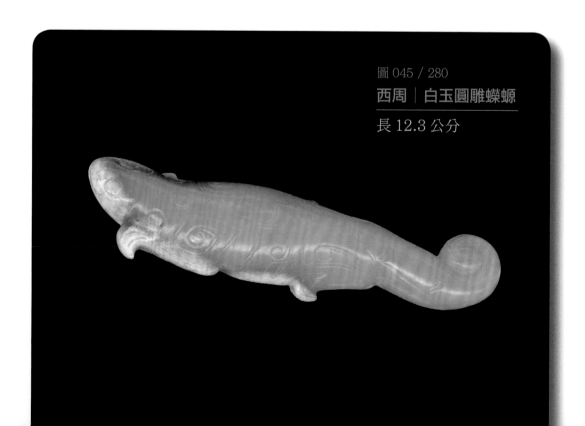

圖 045 / 280
西周｜白玉圓雕蠑螈
長 12.3 公分

圖 048 / 422

西周｜青黃玉蛙

高 2.5 公分　長 5.6 公分

三、玉蛙

　　中國以農立國，蛙在農民眼中是有益的動物，蛙不僅吃害蟲，在西南地區有些地方還以蛙來乞雨，對農作物幫助很大。自文化期就有石蛙出現，大都遍身無紋飾，到了戰國才有較多的玉蛙出現，紋飾精美，漢代玉蛙較為寫實，且強調蛙的動態。

四、玉龜

　　龜是長壽的動物，被列為四靈之一，鎮守北方，所以古器物上常以龜為紋飾。商代流行龜卜，並以龜為財富及長壽的象徵，一時玉製的龜就興盛起來。佩飾用的龜有製成極小型的，也有的製成龜甲佩戴。

圖 058 / 010

春秋｜白玉龍首紋龜一對

雄（上）　長 7 公分
雌（下）　長 8.3 公分

五、玉鱉

與龜形相近似的器物就是鱉。考工記注：外骨龜屬，內骨鱉屬。說明龜甲是由鱗片組成，表面有隆起的方格紋，所以琢玉龜時，常在背上琢出六角方格紋；而鱉甲的外面有一層厚皮，看似平滑，所以玉鱉背上不琢六角方格紋。除殼之外，還可以從頭部分別，圓頭為龜，尖頭為鱉。

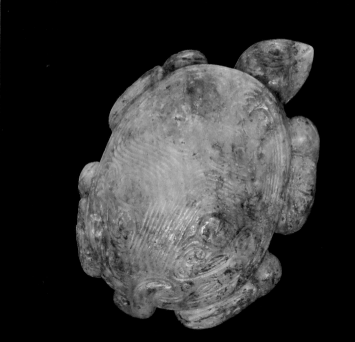

圖 041 / 209

西周｜圓雕白玉鱉

長 8.2 公分 寬 5.8 公分

圖 005 / 539

紅山文化｜白玉鱉

長 4.4 公分

昆蟲珮

　　文獻記載以昆蟲為佩飾的始於文化期，墓葬出土則以商周為最多，至西漢以後就逐漸消失。器型有片狀及圓雕、半圓雕，種類有蟬、蛾、蝗、蠶等及其幼蟲。

一、蟬

　　昆蟲玉雕中以蟬形最多，在商周青銅器紋飾裡也屢見蟬紋，可見蟬在遠古就已融入人們生活中，中國人對於蟬的情感，大都出於蟬的生態習性，如蟬鳴則天晴，蟬不鳴則天雨，用來預知天氣做為安排日常作息的參考，蟬以露水及植物枝液為生，這種餐風飲露不傷生物的習性，中國文人將它比喻為高潔的情操。又將蟬的蛻變及孵化，代表「再生」，用以比喻人可以羽化成仙。

　　從出土及傳世的玉蟬一般從用途上可分為三種：

（1）含蟬：「含」的意思是在死者口中放上一件或數件寶貝的小器物。在商代以前這種小器物大都是貝、玉珠、玉魚、玉片或玉塊等。自商起這些小器物逐漸以舌形玉石加琢紋飾取代，這種舌形玉便是含蟬的起源，而蟬的形狀正與舌相似，於是因形雕蟬紋，而成為含蟬。

　　　　含蟬就是將舌形玉蟬置於入殮者口中做含殮之用，無孔，用意有二：一是不讓死者空口而去，二是藉蟬的生態含意（生長在中國的蟬幼蟲在土中孵化蛻變為成蟲後約七年才破土而出），望死者能從土中復活再生。

（2）冠蟬：鑲或縫在冠上，有兩種穿孔方式，一是由頂部貫穿至腹部，二是在腹部琢象鼻穿；如此便可縫綴於冠上，也叫做「貂蟬」。

（3）珮蟬：顧名思義，即是佩戴身上的蟬形玉飾，鑽孔的方式也有兩種，一種是由頂部斜穿到腹部或背部，一種是在頂上琢象鼻穿，其用意都是配合繫繩佩戴。

圖 046 / 284

西周早期｜青黃玉珮蟬

高 1.5 公分　長 6.5 公分

圖 050 / 437

西周｜白玉珮蟬

長 3.7 公分

圖 201 / 404

西漢｜白玉珮蟬

高 6.1 公分

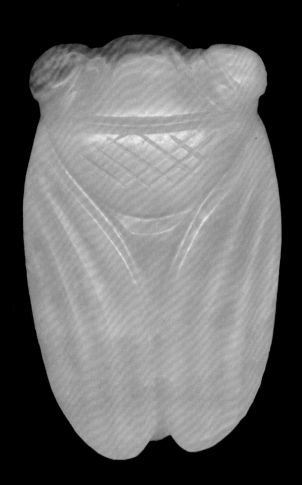

圖 001 / 261

紅山文化｜玉蟬

高 4.2 公分

圖 026 / 432
商代｜白玉蠶
長 4.1 公分

二、蠶

　　中國人養蠶已有四千多年的歷史，蠶對中國有巨大的貢獻。因其形狀為長條狀，故一般不適用來做佩飾，主要用來殉葬，希望墓主人在另一個世界能衣暖無缺，古墓中常發現有金蠶、玉蠶陪葬的紀錄。

圖 029 / 464
商代｜白玉璜形蠶
長 8.2 公分

圖 039 / 081
西周｜白玉蝗蟲珮

長 5.5 公分 高 1.2 公分

三、蚱蜢、蝗

蚱蜢在中國北方又名蛞蚱，古稱虰蛞。是蝗蟲和螽斯共有的俗稱，一般多指蝗蟲而言。蝗，自古就是危害農作物的害蟲，有時成群遠飛，危害更是駭人，中國農村每遇旱災，緊接著就是蝗災，掠過之處所有農作物、草木無一倖免，造成赤地千里，餓莩遍野。所以莊稼人都厭惡這種昆蟲，年年都希望「瑞雪兆豐年」。如果造成災害，一則會影響社會動亂，一則會減少朝廷歲收，更有甚者，造成農民叛亂。這都不是朝野人士所願見到的，所以一般是不會用玉來雕琢「蝗」。但仍有少數的玉蝗出土和傳世，從僅存的數件玉蝗觀察，體型均屬小件，都有貫穿孔或鼻穿，如果用來佩帶，未免嫌小，如果用來做雜珮附件，又未見於出土實物，推論可能是供女士暗自佩戴，取其多產之意。

圖 212 / 435
西漢｜白玉圓雕蚱蜢

長 2.5 公分

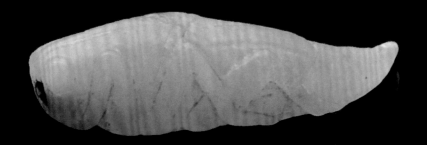

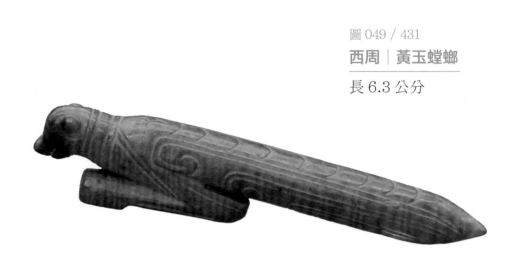

圖 049 / 431
西周｜黃玉螳螂
長 6.3 公分

四、螳螂

　　螳螂屬肉食性昆蟲，能捕食害蟲，是農作物益蟲之一，很受中國農民愛護，出土數量很少，官方有出土記錄的僅見於婦好墓。

圖 022 / 295
商代或更早｜白玉獸與螳螂
高 5.2 公分

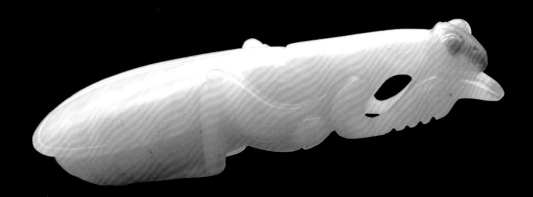

圖 002 / 323

紅山文化｜黃玉螳螂

長 9.3 公分

第六章　喪葬玉器

　　早在石器時代就有靈魂不滅之說，認為人雖死，但靈魂仍在另一個世界生存，所謂「事死如事生」，所以就有陪葬品的觀念。在新石器時代的埋葬儀式，隨葬品已經出現，而後逐漸豐富。到了春秋戰國以至漢代，厚葬之風盛行。雖然有人提議節葬言論，如墨子、呂氏春秋都有節葬篇說，但厚葬之風，仍是不減。基於靈魂不滅之說，人們所求的，只是死者靈魂得到安慰與屍體的不朽。要如何使靈魂得到安慰？就是將生人所用的物品，儘量放在墓中，為求達到屍體不朽，則有賴於諸玉器。

　　抱朴子說：「金玉在九竅，則死人為不朽。」所謂「九竅」，是指眼、耳、口、鼻，及前後陰道。也就是用玉塞在死者九孔，以防靈魂從九孔處飛出消失致使屍體腐朽，所以古來發冢，孔竅中皆有含玉。

　　因此喪葬玉存世有很多，但生前所用之玉器不屬於喪葬玉，本章節討論的是專為喪葬所用玉器，即琀、瑱、幎目、玉甲、握等。

琀

　　琀，就是將一件或數件寶貴的小器物放入死者口中，從出土情形可知道琀有哪些東西：

（1）玉蟬：多見於商、周及漢墓。

（2）貝：多見於殷商墓。

（3）玉珠：多見於殷商墓。

（4）玉魚：多見於殷商墓。

（5）玉片：多見於春秋、戰國墓。

（6）錢幣：多見於宋墓。

（7）玉生肖動物：多見於戰國墓。

　　以上可知作為琀的東西，一般沒有限制，從出土資料得知一些概念，在商的墓葬中，以貝為琀較多，因為那時貝是貨幣，自然視它為「寶貝」，當然就被貴族採用為琀；到了周代，貝已不是貨幣，也就不會用作琀，便以玉代之。

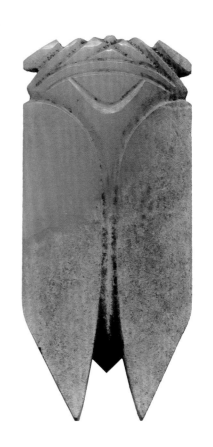

圖 265 / 057

東漢｜白玉八刀含蟬

長 7.8 公分
質變中期

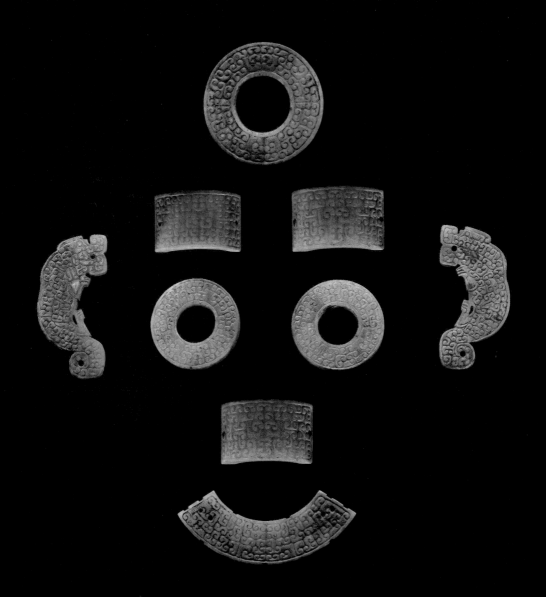

圖 071 / 317

戰國早期｜
白玉龍首紋覆面一組九件

可參考 1990 年河南三門
峽虢國墓出土玉面罩

幎目

幎目，就是用黑色絲綢當表部，用紅色絲綢當裏部，中鋪絲棉，方一尺二寸，好似一個薄棉墊子，四方有帶可繫紮，覆蓋在死者臉上。因為黑布覆臉看不到五官，早期只是用石子擱在五官位置，後用玉片縫綴在五官上，當眼、鼻、口、耳、眉等部位，幎目習俗於焉形成。

印堂 直徑 7 公分

雙眉 橫寬 5.2 公分

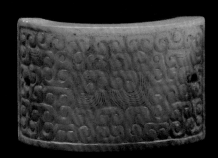

雙眼 直徑 6.4 公分

雙耳 長 9.5 公分

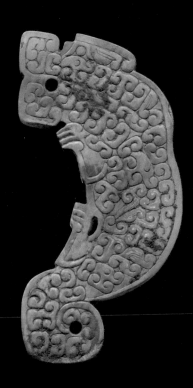

鼻寬 5.3 公分

璜型嘴 長 11.7 公分

瑱

瑱，簡而言之就是喪葬用來塞耳的玉器。

瑱，是一塊小玉，無一定的形狀，一般作五、六角形柱狀體，以塞得下耳孔為度，在放進瑱之前，要先填上絲棉，《儀禮・既夕禮》說：「瑱用白纊」，又說：「瑱，塞耳。」白纊就是白色的絲棉，為使塞在耳裏的瑱不會掉出來，所以加上絲棉包著。

※ 瑱在服飾上又做冠飾，但形狀不同。

玉甲

玉甲，就是殉葬的衣服，也有稱玉匣、玉衣、玉柙。漢代常以「珠襦玉匣」稱之。所謂「珠襦」就是用金線將珠一顆顆連綴起來當上衣，玉匣則用金線將一片一片的玉連綴起來為下褲。當然也有全部用玉片連綴的。這種珠襦玉匣的使用，都是一些皇族、權貴、大臣所專用，而且權貴、大臣的使用還要合乎規定或賞賜，否則要入罪的。《西京雜記》說：「漢帝送死，皆珠襦玉匣，形如鎧甲，連以金縷。武帝匣上，皆鏤為蛟龍、鸞鳳、龜麟之象，世謂為蛟龍玉匣。」又《漢書・董賢傳》：「及至東園秘器，珠襦玉匣，豫以賜賢，無不備具。」另《後漢書・朱穆傳》中提到宦官趙忠喪父，妄用玉甲，遭朝廷發墓剖棺陳屍之事，可見玉甲不是一般人可以使用的。玉甲的使用，盛行於漢代，近代出土的統計，最多的是五千多片，最少的則有二百餘片。

圖 065 / 427

春秋｜白玉變形龍首紋瑱（冠飾）

長 7.8 公分 寬 1.2 ＊ 1.4 公分

圖 066 / 428

春秋｜白玉變形龍首紋瑱（冠飾）

長 9.1 公分 寬 1.2 ＊ 1.4 公分

握

　　就是在死者手中放上玉器，或其他值錢的東西。生人不願死者空口而去，便有「琀」，生人不願死者空手而去，就有了「握」的習俗。新石器時代的墓中，死者所握，以獸牙為最多〈多握獐牙、麞牙、野豬獠牙等〉。到了商代，有用小豬殉葬之風，而手中則多握貝。周代改用玉，到了漢代，一般都用「玉豚」，玉豚即是玉豬，此風一直沿至魏晉、南北朝都沒改變。

　　為何用豚為握？有兩個原因：第一，商代多用小豬殉葬，因活豬不易覓得，且小豬在農業社會是要圈養為成豬較有經濟價值，所以逐漸不用活豬，改用玉或滑石做豬，使死者握於手中；第二，豬一向被人視作財富的象徵，讓死者握了財富而去。

　　握豬的形制，一般都是一塊柱狀體，形狀大同小異，簡單的分，西漢玉握豬為僅具有豬的表徵，東漢握豬以漢八刀的雕琢工藝出現。但凡脫離了柱狀體，耳朵豎起，足部顯出來，嘴部突出較長的，都不是漢器，時代愈晚，愈是肖真，不過，六朝的豬，大都是用滑石或白石做成，且做工草率。

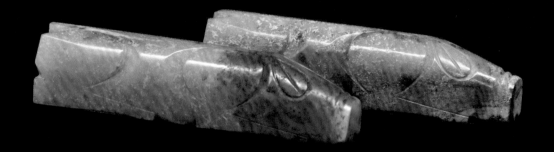

圖 263 / 025

東漢｜白玉八刀握豬

長 12 公分

索引

文化期

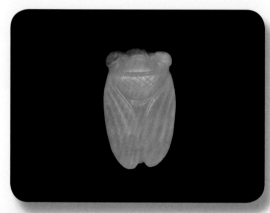

004 / 629　　　　　　　　　　　　　　P.159
紅山文化｜黃玉神人騎獸
高 12.5 公分 寬 5.5 公分

黃玉，玉質瑩潤通透，局部有褐紅色沁斑。圓雕
神人騎獸，神人頭戴雙脊高冠，尖耳高聳，凸眼，
凸唇，雙手擒獸，坐於其上。
（629 文 / 吳振仲）

005 / 539　　　　　　　　　　　　　　P.213
紅山文化｜白玉鱉
長 4.4 公分

白玉，玉質溫潤，有蠟狀光澤，局部有砂土蝕痕。
尖首、素殼是為鱉，四肢慵懶呈游弋姿態，全器
光素無紋，十足象形寫意，底部牛鼻穿，可繫繩
佩戴。
（539 文 / 蔡國樑）

006 / 017　　　　　　　　　　　　　　P.009
良渚文化｜神人獸面紋十七節玉琮
高 45 公分 射徑 9 公分

青色玉，玉表有白色塊狀及筋狀斑痕，開窗部份
晶瑩半透明；器呈長方柱體，上大下小，內圓外
方，邊角大於 90 度。兩端對穿大圓孔，孔壁光
滑並留有台痕，以直稜分兩邊，以橫稜分上下
十七節神人與獸面紋。全器以淺浮雕及陰線琢飾
獸面紋與羽冠，目前所知良渚玉琮以十九節為最
多。
（017 文 / 蔡國樑）

007 / 018　　　　　　　　　　　　　　P.010
良渚文化｜神人獸面紋九節玉琮
高 23.7 公分 射徑 12.2 公分

器呈木瓜黃色，玉表有白色塊狀及筋狀斑痕，玉
質溫潤。器作方柱體，上大下小，內圓外方，中
有對穿圓孔，器身以淺浮雕及陰線琢為九節神人
與獸面紋，線條規整精緻，對稱和諧。
（018 文 / 蔡國樑）

008 / 361　　　　　　　　　　　　P.033
良渚文化｜獸面紋璜
高 4.4 公分　長 9.2 公分

玉呈淡青色，泛黃，有油質光澤，局部褐黃色沁
痕，半璧形，上端平整，正中有一半圓形缺口，
其兩側以桯鑽鑽有兩小孔。下端弧圓，邊緣薄而
似刃，璜正面以減地隱起法琢成獸面紋，背面平
整光滑。
(361 文 / 廖元滄)

009 / 506　　　　　　　　　　　　P.011
良渚文化｜黃玉神人紋五節琮
高 13 公分　射徑 7.8 公分　內徑 4.5～4.6 公分

黃玉質，玉表有筋狀斑痕，開窗處玉質晶瑩潤澤。
器呈長方柱體，上大下小，內圓外方，上下對穿
圓孔，孔內留有台痕，外壁以橫稜分上下五節，
每節以淺浮雕及陰線飾神人紋，為良渚玉琮之精
品。
(506 文 / 蔡國樑)

010 / 508　　　　　　　　　　　　P.023
良渚文化｜青黃玉環
外徑 10.5 公分　內徑 5.4 公分　厚 1.1 公分

黃玉質，微泛青，玉質通透，伴有白色塊狀與絮
狀斑痕。圓孔較大徑與肉寬，故稱之為環，全器
呈扁平圓形，器表琢磨光滑。
(508 文 / 蔡國樑)

011 / 505　　　　　　　　　　　　P.027
良渚文化｜青黃玉兩節神人紋鐲
高 3.5 公分　外徑 8 公分　內徑 7.1 公分

黃玉質，泛青，玉質溫潤，玉表伴有白色塊狀與
筋狀斑痕。內徑大，玉肉寬厚，呈手鐲狀，上下
兩節各雕有一神人紋。
(505 文 / 蔡國樑)

012 / 329　　　　　　　　　　　　　　　P.157
石家河文化｜白玉神人頭像
高 11.7 公分

白玉，泛黃，半透明有油質光澤，內蘊白翳，局
部淺褐色沁痕，扁平體，琢一神人頭像，戴平頭
冠，上有束髮器，大眼，蒜頭鼻，張口露齒，上
下獠牙，環型耳飾，長頸，有一圓穿，頸下有稜
邊，背部無紋。
(329 文 / 蔡國樑)

013 / 400　　　　　　　　　　　　　　　P.157
石家河文化｜青黃玉戴冠神人面飾
高 9.8 公分

青黃玉，微泛青，頭部、底部及兩側有白化現象，
開窗處可辨為青黃玉，玉質溫潤有蠟狀光澤。全
器為琢一張嘴露齒，倒水滴鼻，大眼圓睜，頭戴
獸面弦紋帽的神祖面紋，耳下有環形耳飾。工法
古拙線條流暢。
(400 文 / 蔡國樑)

014 / 601　　　　　　　　　　　　　　　P.157
石家河文化｜白玉人首飾
高 8.9 公分 寬 5.7 公分

白玉質，頭配鷹形冠飾，飛鳥飾雙耳，耳垂鑽有
圓孔，臣字眼，怒目，鳥喙鼻，闊嘴，露有獠牙，
五官紋飾清晰，冠飾頂部有鑽孔，可繫繩佩帶。
(601 文 / 吳振仲)

015 / 600　　　　　　　　　　　　　　　P.158
石家河文化｜白玉人首飾
高 5.3 公分 寬 6.5 公分

白玉質，頭戴平頂冠飾，以飛鳥飾雙耳，耳垂鑽
有圓孔，杏仁眼，蒜頭鼻，闊嘴，露有獠牙，五
官紋飾清晰，冠飾頂部有鑽孔，可繫繩佩帶。
(600 文 / 吳振仲)

016 / 602　　　　　　　　　　　P.158

石家河文化｜白玉人首飾
高 15.3 公分 寬 8 公分

白玉，玉質油潤，局部有深淺褐色沁痕，厚板狀
體人像，頭戴高冠，額處有菱形紋，大眼粗眉，
鼻頭飾捲雲紋，口露獠牙，耳下有圓形耳飾，整
體打磨光滑。
(602 文 / 吳振仲)

017 / 603　　　　　　　　　　　P.158

石家河文化｜白玉鷹攫人首飾
高 10.7 公分 寬 5.5 公分

白玉，玉質油潤，表面沁蝕處呈黑色，應為有機
物附著。人首額處佩戴冠飾，上方矗立玉鷹，並
震動一側羽翼，人面以淺浮雕刻畫，圓眼大耳，
耳垂處有鑽孔耳飾，張口露出兩排牙齒，額處上
緣有兩鑽孔，為佩飾器。
(603 文 / 吳振仲)

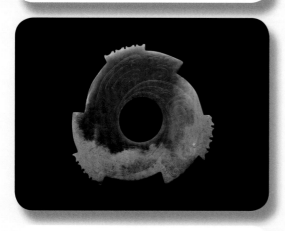

018 / 315　　　　　　　　　　　P.039

龍山文化｜青玉璿璣
最寬處 12.7 公分

青玉，局部鈣白呈黃褐色、淺褐色，玉質溫潤有
油質光澤，器形呈一璧等距離分割呈三牙形，牙
上又出戟齒。此璿璣原為素面無紋飾，至西周時
再於三牙處，以減地隱起法雕琢三只夔龍紋，線
條流暢，形象逼真。
(315 文 / 蔡國樑)

019 / 365　　　　　　　　　　　P.078

龍山文化｜雙龍紋白玉笄
長 12.6 公分 寬 5.5 公分

白玉，玉質通透潤澤，簪首呈鏤空龍紋扇形，龍
紋鑲嵌綠松石，有如「龍眼」，收畫龍點睛之效。
下嵌竹節狀簪柄，簪柄，碧玉，泛青，玉質油潤，
琢磨細膩。
(365 文 / 吳振仲)

商代

020 / 243　　　　　　　　　　　　　P.163
商代｜青黃玉君王坐像
高 9.4 公分

和闐黃玉，泛青，玉質溫潤有油質光澤。體呈圓
雕雙膝盤坐人，頭戴平頂圓帽，臣字眼，C 形耳，
上身袒露，體格壯碩，雙手撫膝，從形式及坐姿
看來，應是商代君王，寫實風格明顯。
(243 文 / 蔡國樑)

021 / 293　　　　　　　　　　　　　P.083
商代｜白玉人面紋韘
高 3 公分　口徑 3.8 公分

白玉，泛青，玉質潤澤半透明，局部灰皮及淺褐
色沁痕，短圓管狀，正面紋飾為牛角獸面，菱形
眼，雲矩紋耳，口微張露齒，嘴角鑽有對稱小孔，
背部有一凹槽，邊飾雲紋，造型雖仍具有實用韘
的外觀，但已非實用器。
(293 文 / 謝傳斌)

022 / 295　　　　　　　　　　　　　P.220
商代或更早｜白玉獸與螳螂
高 5.2 公分

白玉，玉質通透有油質光澤，局部有褐紅色沁痕。
體呈圓雕獸捕螳螂，獸長吻，大眼圓凸，前足緊
抓螳腹，身軀呈弓形，團住螳螂，螳螂大眼圓凸，
前爪狀似鐮刀下彎，肩出雙翼，翹尾，作無奈狀，
螳螂頷下有圓孔，可繫繩。
(295 文 / 吳振仲)

023 / 363　　　　　　　　　　　　P.038
商代｜白玉饕餮紋鉞
高 8.1 公分 寬 11.6 公分

白玉，玉質通透有油質光澤，局部褐紅色沁痕及
灰皮，器形源自商代兵器「青銅鉞」，上端雙龍
相對，組成一饕餮紋，鉞身以淺浮雕與透雕琢出
面目猙獰的獸面紋，雙目嵌綠松石，張口呲牙。
兩面紋飾相同，整體造型類似山東博物館藏「亞
醜」青銅鉞。
（363 文／廖元滄）

024 / 023　　　　　　　　　　　　P.068
春秋晚期｜白玉獸首龍把匜
高 4.3 公分 長 14 公分 橫寬 8.8 公分

白玉，玉質溫潤有蠟狀光澤，局部有褐色、黑色
沁痕，玉匜以龍作把，虎頭為流，兩側浮雕獸首。
器形倣自青銅器的匜，青銅匜是宗禮時盥洗雙手
用以盛水的容器，用玉製成，非實用器，多屬觀
賞、餽贈之用。
（023 文／蔡國樑）

025 / 420　　　　　　　　　　　　P.195
商代｜白玉圓雕立虎
長 9.4 公分 高 3 公分

白玉，玉質通透有油質光，背部有大面積灰皮及
鈣白。圓雕立虎，橢圓眼，蘑菇角向後伏貼，張
口露齒，尾微捲，背飾盾牌紋、竹節紋，身飾關
節紋，整體雕琢生動，神態頗具愉悅感。
（420 文／鄭偉華）

026 / 432　　　　　　　　　　　　P.218
商代｜白玉蠶
長 4.1 公分

白玉，黃香色沁，玉質溫潤，中有綹裂紋，蠶作
爬形狀，頭大，身作七節，凸眼，口器下有圓穿，
雕琢簡潔，動感十足。
（432 文／蔡國樑）

027 / 441　　　　　　　　　　　　P.162
商代｜青黃玉跪坐胡人
高 5.7 公分

青黃玉，玉質溫潤，有蠟狀光澤，頭部褐紅色沁，
玉人跪坐，大眼，豎耳，三角鼻，凸唇，雙手圈
握於腹部，素身，表情木訥，疑是戰敗的異族俘
虜。
（441 文／蔡國樑）

028 / 456　　　　　　　　　　　　P.162
商代｜白玉戴夔龍冠跽坐人
高 6.5 公分

器表灰皮嚴重，開窗處仍可辨溫潤白玉。體呈圓
雕跽坐人，猴臉，突唇，臣字眼，雲紋耳，頭帶
磨菇角夔龍冠，雙手撫膝，身飾關節紋，應是當
時的異族人士。
（456 文／蔡國樑）

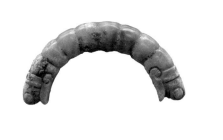

029 / 464　　　　　　　　　　　　P.218
商代｜白玉璜形蠶
長 8.2 公分

白玉，玉質溫潤，局部有褐黑色沁痕及少量的灰
皮，蠶作璜形，多節，圓眼，以陰線及減地法飾
口器，下有圓穿，此蠶以簡潔的工法，竟能將蠶
的肌肉彈性表露無遺，顯示當時高超的工藝水
平。
（464 文／蔡國樑）

030 / 466　　　　　　　　　　　　P.160
商代｜三星堆玉人首嵌件
左上　高 7.5 公分
右上　高 6.3 公分
中央　高 6.6 公分
左下　高 5.9 公分
右下　高 7.1 公分

白玉，灰皮，局部灰皮已轉褐紅色沁痕，開窗處
可辨為白玉質，五只人首頸部均有圓形凹槽，供
鑲嵌之用，人像均倣自三星堆青銅人首，大都有
橄欖眼、雲紋大耳、蒜頭鼻、刀眉、闊嘴等特徵。
（466 文／蔡國樑）

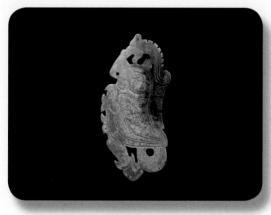

031 / 608　　　　　　　　　　　　P.113
商代｜白玉龍紋玉鴞
高 8.7 公分 寬 3.8 公分

白玉，全器受土中鐵質所沁，呈褐黃色、褐紅色、
淺褐色及白色點狀質變斑與灰皮，透光處可明顯
辨為白玉質，片狀鏤空雕鴞鳥，鳥臣字眼，勾喙，
鼓胸，腿粗壯，捲尾，頭有龍形冠，身飾鐵線紋，
紋飾清晰，佈局嚴謹。
(608 文 / 吳振仲)

032 / 619　　　　　　　　　　　　P.159
商代｜神人騎獸
高 9.4 公分 寬 5.5 公分

青玉，玉表受沁，局部呈現白化並有硃砂附著，
開窗處可辨為青玉質。神人頭戴冠飾，騎於獸上，
雙手置於腰際，獸首蘑菇角，臣字眼，全器紋飾
以雙陰線紋構成，為商代典型紋飾特徵。
(619 文 / 吳振仲)

033 / 501　　　　　　　　　　　　P.163
商代｜白玉踞坐人像
高 7.1 公分 寬 8.2 公分

白玉，泛青，玉質溫潤，有油質光澤，胸肩處與
膝部尚有灰皮沁與土沁痕。玉人呈踞坐姿，雙手
撫膝，頭戴圓箍及筒狀飾，左後腰有似發條狀柄
器，著交領上衣，窄口長袖，腰繫束帶，下緣至
踝，臂與腿側飾有雲紋。
(501 文 / 蔡國樑)

034 / 520　　　　　　　　　　　　P.163
商代｜青黃玉圓雕踞坐人像
橫寬 3.4 公分 深 3.7 公分 高 6.6 公分

黃玉，泛青，玉質溫潤，有蠟狀光澤，玉表佈有
淺層灰皮，開窗處可辨為黃玉。玉人呈踞坐姿，
雙手撫膝，頭戴圓箍，臣字眼，雲紋耳，身無著
衣，通體陰刻變形雲紋、龍首紋。
(520 文 / 蔡國樑)

035 / 604　　　　　　　　　　　　P.181
商晚期│白玉圓雕玉虎
高 1.8 公分 寬 10 公分

白玉，玉質溫潤，泛油質光澤，局部有淺層灰皮。
圓雕玉虎，虎呈匍匐狀，張口捲尾，突眼順耳，
身飾卷雲紋與關節紋，背有卯字紋，紋飾有西周
初期斜刀風格，體態生動，應為晚商把玩或陳設
之器。
（604 文 / 吳振仲）

036 / 605　　　　　　　　　　　　P.181
商代│青黃玉圓雕立鳥
高 11 公分 寬 8.5 公分

青黃玉，玉質油潤通透。圓雕立鳥，鳥鉤喙，雙
爪矗地有力，圓眼外凸，頂冠如戟，身飾立體鳳
鳥，兩翼浮雕龍紋，背部飾鳥紋，構思奇特。胸
前有一倒鉤狀突起，中心有孔，尾部縱切面有半
圓形凹槽，推斷為某物之鑲嵌件。
（605 文 / 吳振仲）

037 / 528　　　　　　　　　　　　P.201
商代│青白玉踑坐熊
寬 2.1 公分 深 3.1 公分 高 5.5 公分

青白玉質，玉質溫潤，有蠟狀光澤，局部有灰白
色沁斑。圓雕踑坐熊，眼圓睜，豎耳，張嘴，臣
字眼，雙手撫膝，身飾鐵線紋，極具商代風格。
（528 文 / 蔡國樑）

西周

038 / 051　　　　　　　　　　P.194
西周｜白玉走龍
長 19.2 公分

白玉，泛黃，大部份沁呈褐紅色，局部灰皮。體呈圓雕走龍造形，臣字眼，翹鼻，張口露齒，齒用圓管鑽成，尖耳，長角後彎，捲尾，昂首挺胸，作抬腳闊步行走狀。
(051 文 / 鄭偉華)

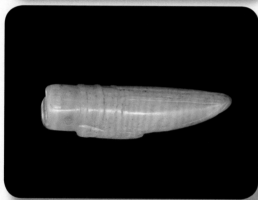

039 / 081　　　　　　　　　　P.219
西周｜白玉蝗蟲珮
長 5.5 公分 高 1.2 公分

白玉，玉質有油質光澤，尾部有淺褐色沁，圓雕一蝗蟲，凸眼，張嘴，尾微上翹，以減地隱起法琢出雙翅，頭部有對鑽圓孔。
(081 文 / 蔡國樑)

040 / 095　　　　　　　　　　P.185
西周｜白玉走龍一對
左　長 22.5 公分 高 12.5 公分
右　長 19.2 公分

白玉，泛黃，大部份沁呈褐紅色，局部灰皮，大小各一，臣字眼，翹鼻，張口露齒，齒用圓管鑽成，尖耳，長角後彎，捲尾，身飾關節紋、環節紋、陰線紋等，昂首挺胸，神態憨喜而優美。
(095 文 / 鄭偉華 同 051)

041 / 209　　　　　　　　　　P.213
西周｜圓雕白玉鱉
長 8.2 公分 寬 5.8 公分

白玉質，泛青，周身佈滿鐵褐色沁斑及少量銅綠沁斑，圓雕一鱉，頭微尖，臉頰微凹琢出雙目，背上有數條縱橫細陰線，尾上捲，貼於後殼上，鱉作奮力爬行狀，神態逼真，極富動感。
(209 文 / 蔡國樑)

042 / 211　　　　　　　　　　P.067
西周│青黃玉牛尊（犧尊）
高 11.2 公分　長 14.6 公分

黃玉，泛青，玉質油潤有蠟狀光澤，局部有褐紅色沁痕。體呈圓雕牛尊，器形來自商周鳥獸尊，立牛空心，四足粗壯有力，臣字眼，張嘴露齒，彎角伏貼，圈型尾，上有蓋，蓋上圓雕一小立牛，牛身飾雙陰線菱形紋、鳥紋、龍首紋等。青銅鳥獸尊是商周祭祀用的禮器，以玉雕琢應作為陳設，餽贈之用。
（211 文 / 鄭偉華）

043 / 226　　　　　　　　　　P.097
西周│白玉人首紋束腰瑒
高 4.1 公分

白玉，玉質溫潤，局部有淺褐色沁痕及斑點狀灰皮，圓柱形，柱中央較細，上下各浮雕三個相對人首紋，人首大眼、帶冠，微笑，上下有對穿圓孔。
（226 文 / 吳振仲）

044 / 278　　　　　　　　　　P.201
西周│黃玉圓雕坐猴
高 7 公分

黃玉，玉質泛青，局部有褐紅色沁痕與灰皮，圓雕一蹲坐猴，兩手交握於胸前，臣字眼，雲紋耳，身飾關節紋，神情乖巧，線條流暢。
（278 文 / 蔡國樑）

045 / 280　　　　　　　　　　P.210
西周│白玉圓雕蠑螈
長 12.3 公分

白玉，玉質溫潤，微泛青，底局部有白化現象，圓雕一蠑螈，作爬行狀，圓眼，捲尾，身飾關節紋、竹節紋，工法簡練，形態逼真。
（280 文 / 蔡國樑）

046 / 284　　　　　　　　　　　　　P.215
西周早期｜青黃玉珮蟬
高 1.5 公分 長 6.5 公分

青黃玉質，微泛青，四周局部有褐紅色沁痕與灰
皮，圓雕一蟬，凸眼，以雙鉤法雕出羽翼，內飾
蟬翅紋，頭部有鼻穿，可繫繩佩戴。
（284 文 / 蔡國樑）

047 / 320　　　　　　　　　　　　　P.026
西周｜白玉雙龍紋瑗
外徑 7 公分 內徑 5.8 公分 高 2 公分

白玉，玉質潔白溫潤，有油質光澤，局部受沁有
不同層次的灰皮，玉表斜刀刻飾頭尾相接兩條螭
龍，臣字眼，下頜彎曲銳利，龍身飾羽紋，以大
斜刀手法顯示龍爪的鋒利與力道感，紋飾華麗流
暢，具有西周昭穆王時期的風格。
（320 文 / 陳明志）

048 / 422　　　　　　　　　　　　　P.211
西周｜青黃玉蛙
高 2.5 公分 長 5.6 公分

黃玉，半透明，微泛青，玉質溫潤，圓雕一蛙，
作欲跳躍狀，臣字眼，身飾關節紋、菱形紋，四
肢陰線紋，線條流暢，形態逼真。
（422 文 / 蔡國樑）

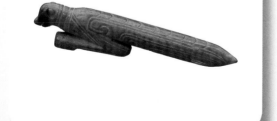

049 / 431　　　　　　　　　　　　　P.220
西周｜黃玉螳螂
長 6.3 公分

黃玉質，微泛青，局部有褐紅色、褐黑色沁痕，
圓雕一螳螂，螳螂蹲伏狀，凸圓眼，以雙鉤法雕
出羽翼，線條流暢，造型生動。
（431 文 / 蔡國樑）

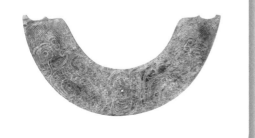

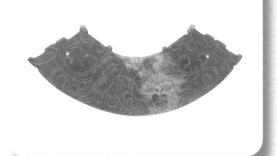

054 / 523　　　　　　　　　P.034
西周｜青黃玉雙人首璜
長 10.2 公分　寬 3.1 公分

青黃玉，玉質溫潤，局部有淺層灰皮，並夾雜硃砂。兩端穿孔，紋飾為人首獸身，獸身於中央環形糾纏交錯，兩面紋飾相同，佈局規整構思巧妙。
（523 文 / 蔡國樑）

055 / 525　　　　　　　　　P.122
西周晚期｜白玉龍獸合體帶鉤
長 8.4 公分　高 2.4 公分

白玉，泛青，局部有淺層灰皮，開窗處可辨為白玉質。玉體一端有鉤，背有圓柱，鉤端飾龍首，另一端飾獸首，紋飾簡練概括。
（525 文 / 蔡國樑）

056 / 607　　　　　　　　　P.166
西周早期｜白玉圓雕立人
高 7.4 公分　寬 3 公分

白玉，玉質油潤通透，局部有淺褐色沁痕及鐵鏽斑。全器以斜刀、陰線紋裝飾，玉人頭戴冠飾，大眼闊耳，寬鼻小嘴，五官清晰，雙手環抱腹前，背飾卯字紋，姿態愜意愉悅，背有穿孔，可繫繩佩戴。
（607 文 / 吳振仲）

057 / 550　　　　　　　　　P.202
西周｜白玉鴞
高 4.2 公分　寬 5.5 公分

白玉質，全器受土中鐵質沁呈淺褐色，圓雕立體蹲臥鴞鳥，作回首休憩狀，生動活潑，為周代罕見立體圓雕動物。
（550 文 / 徐嘉慶）

春秋戰國

058 / 010　　　　　　　　　　P.212
春秋｜白玉龍首紋龜一對
雄（上）　長 7 公分
雌（下）　長 8.3 公分

白玉，玉質油潤，局部有褐黃色沁痕及灰皮，大
小龜成對，一龜首向前直伸，另一龜首右轉凝視，
龜背飾龍首紋、變形雲紋，四肢微內縮，尾上捲
伏貼背殼，神態凝真。
（010 文／鄭偉華）

059 / 200　　　　　　　　　　P.107
春秋｜白玉龍首捲雲紋玉全珮
環（上）　外徑 5.2 公分
方璧　　　長 4.1 公分 寬 4.1 公分
璜（上）　橫寬 9.5 公分 高 2.7 公分
扁勒　　　高 2.8 公分 寬 1.6 公分
環（下）　外徑 6.4 公分
璜（下）　橫寬 9.5 公分 高 2.7 公分
衝牙　　　高 9.4 公分 最寬處 2.5 公分

白玉，泛青，半透明玉質，由玉環兩件、方璧一
件、玉璜兩件、扁勒一件、玉觿兩件組成，每件
局部均有灰皮，紋飾均刻龍首紋、捲雲紋，均有
穿孔，可繫綬穿佩。
（200 文／蔡國樑）

060 / 282　　　　　　　　　　P.096
春秋晚期｜白玉浮雕螭紋束腰勒一對
左　高 6 公分
右　高 5.8 公分

白玉，玉質透潤，有蠟狀光澤，局部褐黃色沁痕，
束腰管狀體，兩件腰部各浮雕蟠螭龍一只，龍首
左右對稱，管面陰刻雲紋與網格紋，兩端有對穿
喇叭孔，可繫繩。
（282 文／鄭偉華）

061 / 360　　　　　　　　　　P.112
春秋｜白玉雲矩紋虎形珮一對
長 9.2 公分

白玉，泛青，玉質油潤半透明，局部有灰皮及褐
紅色沁痕，扁平體，虎俯首，口微張，橢圓眼，
虎尾粗大向上回捲，前後足前伸作伏臥狀，身飾
雲矩紋，虎背和虎尾有圓穿，可供穿繫。
（360 文／鄭偉華）

062 / 393　　　　　　　　　　P.081
春秋｜白玉梳（殘件）
高 5.3 公分　橫寬 4.1 公分

白玉質，局部有淺褐色、深褐色沁痕，梳背完整，
梳齒一邊角已殘，以斜刻陰線飾梳背一周，梳背
以粗陰線琢刻變形龍首紋，這種變形龍首紋已是
轉化成變形雲紋的初期，也是逐漸轉成雲紋、穀
紋的過渡期。
（393 文／蔡國樑）

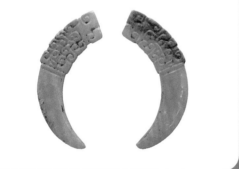

063 / 053　　　　　　　　　　P.105
春秋晚期｜白玉龍首觽一對
長 8.5 公分

白玉，玉質溫潤有油質光澤，局部有褐色、褐黑
色沁痕。片雕野豬獠牙形玉觽，觽上半段是龍首
紋、雲紋，龍首重環眼，捲鼻，兩面紋飾相同。
（053 文／蔡國樑）

064 / 152　　　　　　　　　　P.071
戰國早期｜白玉獸首銜環龍紋瓿
高 8.7 公分　外徑 9 公分

和闐白玉，局部有白化與灰皮，外壁以弦紋區隔
兩區，上區雕龍首雲紋，下區飾以 S 形紋與心型
紋，瓿身兩端浮雕獸首銜環，環可活動，此器體
現戰國時期玉匠精湛的雕琢工藝。
（152 文／廖元滄）

065 / 427　　　　　　　　　　　　　　　P.091
春秋｜白玉變形龍首紋瑱
長 7.8 公分 寬 1.2 * 1.4 公分

白玉，半透明，玉質溫潤有油質光澤，局部有淺
褐黃色水銹，器呈中段鼓起的扁長方柱形，兩側
四角飾十龍首紋凸稜，空白處以隱起雲紋、索紋
裝飾，此瑱也可稱為橄欖形長方瓈。
（427 文 / 蔡國樑）

066 / 428　　　　　　　　　　　　　　　P.091
春秋｜白玉變形龍首紋瑱
長 9.1 公分 寬 1.2 * 1.4 公分

器形與 065 / 427 同，唯中段鼓起稍緩。
（428 文 / 蔡國樑）

067 / 627　　　　　　　　　　　　　　　P.105
春秋｜白玉龍紋觿一對
高 10.7 公分 寬 2 公分

白玉，玉質通透泛油脂光澤，局部呈淺褐紅色。
片雕玉觿，龍鼻上捲，張口處鑽圓孔，玉身滿飾
龍紋、雲紋、變形雲紋，尾部環節紋，間飾陰線
箭紋。此器為玉全珮之衝牙，亦可當佩飾用。
（627 文 / 吳振仲）

068 / 509　　　　　　　　　　　　　　　P.111
春秋｜白玉雙龍首饕餮紋珩
長 8.1 公分 寬 2 公分

白玉，玉質溫潤，局部佈有淺層灰皮。全器滿飾
變形雲紋，中央以變形雲紋組合為饕餮紋，兩端
再組成顯眼的雙龍首紋，全器穿有三孔以連接上
下，可作為組佩的部件，如珩、璜。
（509 文 / 蔡國樑）

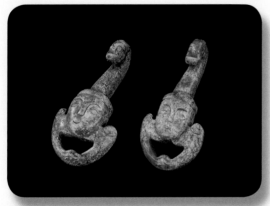

069 / 626、800　　　　　　　　P.123
春秋｜人面紋玉帶鉤一對
黃沁（整理過）　高 9 公分　寬 4.5 公分
硃砂（未整理）　高 8.9 公分　寬 4.5 公分

白玉，局部黃沁，玉質油潤光滑，器表多有白化
及土沁。上方鉤者為龍首，菱形眼，淺浮雕錐形
耳，下接戴帽人面，梭形眼，雙手交扣成鈕孔，
可繫帶，線條簡潔，器形俐落。
（626、800 文 / 何滄霄）
（未整理 - 何滄霄）（整理過 - 吳振仲）

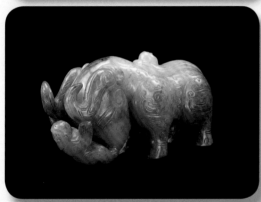

070 / 606　　　　　　　　P.182
春秋｜白玉神牛護童子
高 6.6 公分　長 12.5 公分　寬 4.5 公分

白玉，玉質溫潤泛油質光澤，因受土中鐵質所沁，
玉表局部呈淺褐色與褐紅色沁痕。圓雕神獸護
童，童緊握牛角，牛呈站立低首狀，似與童子嬉
戲。牛臣字眼，口微張，角飾有箭紋，牛身以陰
線飾雲紋、變形雲紋，牛尾盤捲於背部，體態生
動活潑。
（606 文 / 吳振仲）

071 / 317　　　　　　　　P.224
戰國早期｜白玉龍首紋覆面一組九件
印堂　　直徑 7 公分　　　雙眉　橫寬 5.2 公分
雙眼　　直徑 6.4 公分　　　鼻　　寬 5.3 公分
璜型嘴　長 11.7 公分　　　雙耳　長 9.5 公分

白玉，玉質通透有油質光澤，局部淺褐色沁，表
面覆有朱砂及土斑，由九片玉飾組成一覆面，玉
環飾印堂，拱形玉牌飾雙眉與鼻，小玉環飾雙眼，
虎形璜飾雙耳，玉璜飾嘴，每片玉飾均浮雕龍首
紋、捲雲紋，琢工精良，堪稱難得一見之玉雕覆
面。
（317 文 / 蔡國樑）

072 / 375　　　　　　　　P.029
戰國早期｜白玉雙龍雙虺紋圭
高 25.2 公分　底寬 7.2 公分

白玉，玉質細膩光潤，泛黃，外觀為一山形玉飾，
底稍寬，往上逐漸收斂，另一端為尖角形，以細
陰線由下往上分五層紋飾，一、三層與二、四層
紋飾對稱，每層紋飾為夔龍紋，虺紋，尖端為一
頭雙身虺龍與饕餮紋，集時代特色精隨於一體。
（375 文 / 蔡國樑）

073 / 409　　　　　　　　　　　　P.025
戰國早期｜變形龍首紋大玉環
外徑 18.3 公分

白玉，整體滿佈深淺褐色及褐黑色沁痕，及局部
灰皮，開窗處仍可見白玉質。玉環邊緣以陶索紋
飾一周，通體飾變形龍首紋、雲紋，紋飾佈局規
整，琢工細膩打磨光潔，實屬難得的戰國玉雕精
品。
（409 文／蔡國樑）

074 / 183　　　　　　　　　　　　P.082
戰國｜白玉龍首紋韘
高 1.8 公分 寬 6.3 公分

白玉，微泛黃，玉質油潤，局部褐紅色沁與灰皮，
器身呈斜長尖狀，滿飾龍首雲紋，左右兩側為一
鳳首及鳳尾，非實用器，春秋後期玉韘已漸演生
成服飾器，如韘形珮、班指，本件留有春秋韘的
遺風。
（183 文／謝傳斌）

075 / 021　　　　　　　　　　　　P.050
戰國 至 西漢早期｜白玉帶蓋鉤連雲鳳紋卮
高 12 公分 底徑 5.4 公分

白玉，泛黃，玉質通透圓潤有油質光澤，底局部
有少量灰皮。卮體呈圓筒形，上有蓋，蓋抓手飾
柿蒂紋，直口，平底，下承三矮足，卮身飾浮雕
鳳紋，鳳身纖細，雲紋尾翎、羽翼層層舒捲，底
飾鉤連雲紋。此卮玉質精良，造形優美，琢工精
湛，具楚文化風格，堪為珍品。
（021 文／蔡國樑）

076 / 024　　　　　　　　　　　　P.127
戰國｜白玉龍虎併體帶鉤
長 24.7 公分

白玉，玉質通透有蠟狀光澤，上覆土鏽沁與少量
銅綠沁斑。鉤身扁長微弧，兩端作龍首與獸首，
龍首向右作九十度側視，獸首作鉤頭，鉤身浮雕
捲雲紋與紐絲紋捲尾。此鉤造形奇巧，琢工精緻，
打磨光潔，屬罕見精品。
（024 文／蔡國樑）

077 / 027　　　　　　　　　　　　P.052
戰國 至 西漢早期｜白玉鉤連雲紋鋪首銜環斂口盂
高 9.8 公分 口徑 9.4 公分
腹徑 12 公分

白玉，玉質通透，全器受沁呈淡黃色，局部淺褐
色沁痕及土斑。圓雕一缽形容器，器形倣自商周
青銅器「盂」，斂口，鼓腹，圈足，兩側高浮雕
獸首銜環，器身淺浮雕獸面紋與鉤連雲紋。盂是
商周祭祀時用以盛主食（稷、黍、菽等）的禮器，
至春秋戰國時，禮崩樂壞，諸侯以玉材製成青銅
禮器，用以炫富或政治餽贈之用。
（027 文 / 蔡國樑）

078 / 033　　　　　　　　　　　　P.121
戰國 至 西漢早期｜白玉鏤雕龍虎紋延年璧
直徑 10 公分 厚 0.6 公分

白玉，玉質通透有蠟狀光澤，局部有淺層灰皮，
以鏤空雕手法飾一龍一螭虎攀附於「延年」二字，
全器有鱗紋、交叉 S 紋、竹節紋，整體紋飾佈局
嚴謹，線條流暢，動感十足。
（033 文 / 蔡國樑）

079 / 037　　　　　　　　　　　　P.139
戰國｜白玉圓雕鳳杖首
高 5.4 公分 橫寬 13.2 公分 深 4.2 公分

白玉，半透明，玉質溫潤晶瑩有油質光澤，鳳首
局部有淺層灰皮，圓雕一回首鳳鳥，圓眼，勾喙，
張嘴，祈望尾端，鳳尾有一螭龍與鳳相望，鳳身
飾羽鱗紋、竹節紋。腹部有圓形突榫，內有圓形
凹槽，可嵌插木杖。
（037 文 / 蔡國樑）

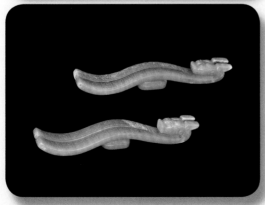

080 / 038　　　　　　　　　　　　P.127
戰國 至 西漢早期｜白玉龍首雙聯帶鉤一對
長 17.7 公分 寬 3 公分

和闐白玉，鉤首為龍首，龍首局部受沁呈灰皮，
鉤體扁形呈波浪狀，鉤體從中剖為兩片，以鉤鈕
相聯，鉤體正面飾變形雲紋，鉤尾雕琢兩獸首，
獸面兩側對鑽兩孔，嘴部再鑽四孔以飾獸齒。
（038/154 文 / 廖元滄）

085 / 189　　　　　　　　　　　P.037
戰國｜白玉鏤空翹浮雕龍紋半璧璜一對
直徑 15.3 公分 高 9.5 公分

白玉，泛黃，玉質溫潤通透，局部有淺層灰皮及
硃砂物覆著。扁形體半璧璜，以鏤空雕飾雙龍紋，
雙龍相背而立，龍身修長舒展於全器，雲紋尾鰭
層層舒捲，並以翹浮雕飾鉤捲的尾鰭與關節，翹
浮雕技法流行於春秋中後期青銅禮器紋飾上，戰
國時偶用於玉雕裝飾，殊顯立體效果，是一項費
料費工的玉雕工藝，流行時間較短，出土與傳世
玉器較少見。
(189 文 / 蔡國樑)

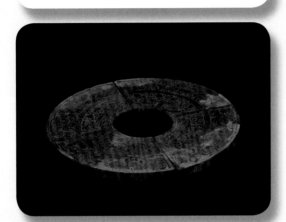

086 / 190　　　　　　　　　　　P.032
戰國｜白玉螭虎鹿紋四聯璜
高 6.3 公分 寬 12.7 公分

全器沁呈褐紅色，俗稱「老土大紅」，開窗處可
辨為白玉質，局部有灰皮，全器為厚片雕四件璜，
四璜可合成一璧，稱四聯璜，每一璜下層以淺浮
雕飾饕餮紋，饕餮上飾四只龍首紋，上層飾穿梭
雲間動物，有螭、虎、馬、熊、鹿等，此四聯璜
沁色自然，紋飾佈局嚴謹，動物形態生動。
(190 文 / 蔡國樑)

087 / 192　　　　　　　　　　　P.013
戰國｜白玉浮雕螭鳳紋大璧
直徑 21.9 公分 厚 0.5 公分

白玉，微泛青，玉質通透有蠟狀光澤，局部有灰
皮及淺褐黃色沁痕，一面浮雕三條穿雲螭與一鳳
鳥，另一面雕排列整齊之鉤連縠紋。穿雲螭紋飾
流行於戰國與西漢時期，此璧紋飾為典型戰國風
格。
(192 文 / 蔡國樑)

088 / 193　　　　　　　　　　　P.057
戰國｜黃玉高浮雕螭紋高足杯（觥）
高 11.5 公分

黃玉，泛青，玉質通透有油質光澤，局部有灰皮
及淺褐色沁痕。體呈圓雕觥形高足杯，杯口一端
有流，另一端以高浮雕、鏤空雕一扭身奮力往上
攀附之螭龍為把，杯側以高浮雕、鏤空雕穿雲螭，
造形獨特優美，工藝精湛。
(193 文 / 蔡國樑)

089 / 194　　　　　　　　　　　　　　P.057
戰國｜黃玉獸首螭紋韶觥
高 11.5 公分 長 20 公分

黃玉，泛青，玉質通透有油質光澤，局部有灰皮及淺褐色沁痕。體呈圓雕獸首觥，一端有流，另一端圓雕張口吐舌獸首，杯側以高浮雕、鏤空雕扭身奮力往上攀附之穿雲螭，造形巧思，工藝華麗優美。
(194 文 / 蔡國樑)

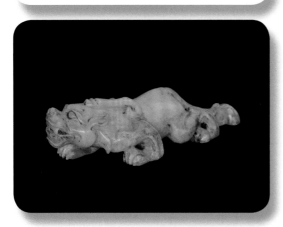

090 / 206　　　　　　　　　　　　　　P.176
戰國｜白玉圓雕辟邪獸（天祿）
長 12.6 公分 高 3.3 公分

白玉，玉質細潤，有蠟狀光澤，局部有褐黃色沁痕，圓雕一匍匐前進之辟邪獸，獨角，張口露齒，四肢強健有力，尾垂捲，頓地有聲，作蓄勢待發姿態。
(206 文 / 蔡國樑)

091 / 213　　　　　　　　　　　　　　P.115
戰國｜白玉變形雲紋 S 龍鳳珮一對
長 12.6 公分 寬 7 公分

和闐白玉，玉質細潤半透明，局部灰皮。體呈片雕 S 形龍，龍首捲鼻，弧形下頜，龍身一鰭足變形為鳳首，龍背上方有一桯鑽圓孔，用以佩戴。龍身雕琢龍首紋、變形雲紋，間飾網格紋，為典型戰國風格。
(213 文 / 廖元滄)

092 / 222　　　　　　　　　　　　　　P.098
戰國｜白玉圓雕蹲坐瑞獸鉤連雲紋瑓
高 3.5 公分

白玉，玉質細潤通透，有油質光澤，局部褐紅色與褐黃色沁痕，圓雕一獸蹲臥瑓（短管）邊上，獸張口露齒，翹尾，瑓飾鉤連雲紋，此器玉質溫潤有餘，造型獨具巧思，沁色自然，皮殼風化明顯。
(222 文 / 蔡國樑)

093 / 255　　　　　　　　　　　　　　　P.026
戰國｜青黃玉饕餮鉤連雲紋鐲
外徑 7.2 公分　內徑 5.8 公分

黃玉，泛青，玉質細潤有油質光澤，局部有深淺
褐色沁痕與灰皮，外弧壁，內直壁，外壁琢饕餮
紋與鉤連雲紋。
（255 文／蔡國樑）

094 / 276　　　　　　　　　　　　　　　P.165
戰國｜黃玉文官俑
高 8.7 公分

黃玉，玉質晶瑩微透，通體沁呈桔紅色，局部有
灰皮，圓雕玉人，頭戴帽冠，雲紋耳，身著右衽
長袍，細髮梳理整齊，五官端正。
（276 文／蔡國樑）

095 / 288　　　　　　　　　　　　　　　P.056
戰國｜青黃玉牛觥
高 17.8 公分　長 19.4 公分

黃玉，泛青，大面積有灰皮，開窗處可見溫潤青
黃玉質，圓雕牛形兕觥，也稱為牛觥。以牛首為
蓋，牛身為容器。背上、胸前、左右及尾部分別
以圓雕、高浮雕飾鳳鳥，四足粗壯有力，牛身飾
鉤連雲紋、桓雲紋等。兕觥是商周宗廟祭祀時用
以盛裝香酒的青銅禮器，戰國以玉雕琢是彰顯物
主的地位與財力，亦可用於政治餽贈。
（288 文／何滄霄）

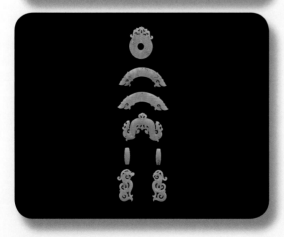

096 / 289　　　　　　　　　　　　　　　P.108
戰國｜白玉龍鳳紋玉全珮
出廓璧　　　高 7 公分　外徑 5 公分
璜　　　　　長 11.5 公分　寬 2.5 公分
珩　　　　　高 3.3 公分　寬 9.2 公分
瑯　　　　　高 3.4 公分
龍、鳳衝牙　高 6.7 公分　寬 3.5 公分

白玉，玉質通透有玻璃光，由透雕玉珩一件、
透雕出廓璧一件、玉璜兩件、橄欖瑯兩件、透
雕龍、鳳珮各一件組成，每件局部均有灰皮，
除龍、鳳珮飾花葉紋、陰線紋外，其餘六件紋
飾均刻龍首紋、穀紋、竹節紋等，線條飽滿流
暢。（289 文／何滄霄）

097 / 309　　　　　　　　　　　　P.151
戰國｜青黃玉饕餮紋鋪首一對
高 16.8 公分 長 11.2 公分

黃玉，微泛青，局部有些微的土痕與灰皮，整塊
玉鏤空雕成一對獸首銜環，獸首近似方形，兩件
獸首左右側各鏤空雕直立蟠鳳，獸鼻下有方形
鈕，鈕中有鎏，內銜環，可活動，環由雙蟠龍組
成，全器採用鏤空雕、淺浮雕、陰刻等技法，佈
局嚴謹，琢工精細。
（309 文／蔡國樑）

098 / 310　　　　　　　　　　　　P.069
戰國｜青黃玉饕餮龍首紋雙耳盤
直徑 25.9 公分 高 5.3 公分 最寬處 30.3 公分

青黃玉，玉質瑩潤通透，滿佈灰皮與土斑，局部
有褐色沁，盤形直壁，兩側有耳，外壁以淺浮雕
饕餮紋、龍首紋環繞一周。器形來自商周青銅盤，
青銅盤是宗廟祭祀時的禮器，戰國時有以玉雕
成，作為炫富及政治餽贈之用。
（310 文／蔡國樑）

099 / 312　　　　　　　　　　　　P.074
戰國｜白玉虺龍紋削刀（文書工具）
左　長 15.2 公分
右　長 15.8 公分

白玉，玉質瑩潤微透，大面積有深褐色、褐色沁
痕，器形如青銅環首削刀，刀首飾蟠虺龍，刀背
有數道以交錯陰線組成的斜向紋飾，單面刃。玉
雕刀非實用器，推斷是當時玩賞、餽贈之用。
（312 文／蔡國樑）

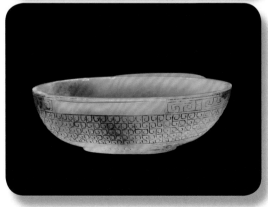

100 / 314　　　　　　　　　　　　P.041
戰國｜白玉鉤連雲紋羽觴杯
長 10.7 公分 寬 7.9 公分 高 3.1 公分

白玉，玉質瑩潤通透有蠟狀光澤，局部有淺褐色、
褐紅色沁痕，半橢圓球體容器，兩側有弧形耳，
口沿飾 T 字型紋，杯體滿飾鉤連雲紋，底平素，
全器打磨光潔。
（314 文／蔡國樑）

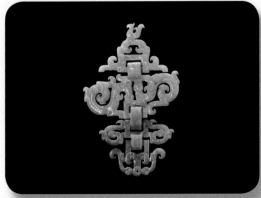

101 / 327　　　　　　　　　　　　P.133
戰國｜白玉虺鳳紋四節珮
長 14.5 公分

白玉，玉質通透泛黃，局部有質變斑及灰皮，扁平體，係一整塊玉透雕成三環四節之器，三環各雕獸首與鱗紋，均可活動，致使上下兩節可自由折疊。第一節雕相對望雙龍雙雀，雙龍頂上立一鳳鳥，第二節雕雙龍紋呈相反 S 形盤繞，尾端化為鳳首，第三節雕對稱 S 形雙龍紋，分置於鏤空矩形環兩側，第四節雕大小虺龍各一對，此珮最下端有有圓形穿孔，可繫綬佩戴。
（327 文 / 蔡國樑）

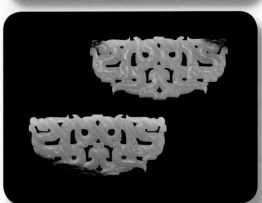

102 / 330　　　　　　　　　　　　P.114
戰國｜白玉鏤空雙龍珮一對
長 8.7 公分 高 3.9 公分

白玉，玉質細潤通透泛油質光，局部有褐色、褐黑色沁斑。片雕，兩面紋飾相同，以鏤空技法雕兩條相背龍紋，兩龍與雙身獸面紋相互纏繞，龍獸身飾鱗紋、網格紋、花葉紋等。
（330 文 / 吳振仲）

103 / 331　　　　　　　　　　　　P.085
戰國｜黃玉鳳紋韘形珮
高 8 公分

黃玉質，生坑，泛油質光澤，邊緣局部灰皮及褐色沁痕，盾牌形片狀體，盾中有圓孔，下飾捲雲紋，兩側透雕鳳紋，線條細膩，轉折有力，鳳身飾網格紋、羽鱗紋、竹節紋等，紋飾流暢，玉質精美，堪稱韘形珮中精品。
（331 文 / 吳振仲）

104 / 332　　　　　　　　　　　　P.120
戰國｜白玉鏤空螭龍螭虎紋環
直徑 8 公分

白玉，泛油質光澤，局部核色沁痕，透雕龍虎環，龍虎首尾相接，龍張口露齒，怒目前視，作遊走狀，虎身形扭曲，作 S 形爬行狀，龍虎身飾鱗紋、竹節紋、圈紋等。
（332 文 / 吳振仲）

105 / 340　　　　　　　　　　P.024
戰國｜白玉鏤空雙龍環
外徑 10.8 公分

白玉，微泛黃，玉質透潤，有玻璃光，局部有淺
微黃香沁痕，鏤空片雕圓環，雙龍相背各纏繞在
環的兩側，龍身飾鱗紋、竹節紋、圈紋等，環飾
如意雲頭紋、圈紋、花葉紋等，上下均有捲雲紋
構成的繫孔，可繫繩佩戴。
(340 文 / 蔡國樑)

106 / 341　　　　　　　　　　P.100
戰國｜白玉穀紋束腰瑚
高 5.4 公分

白玉，玉質通透溫潤，有油質光澤，局部有褐紅
色沁痕，通體飾穀紋，穀芽突出飽滿立體，兩端
通心穿孔，可繫綬佩戴。
(341 文 / 蔡國樑)

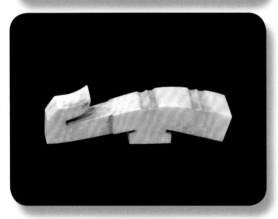

107 / 349　　　　　　　　　　P.123
戰國｜白玉瓦紋帶鉤
長 7.5 公分

全器沁呈黃色、淺黃色，內蘊白斑，開窗處可見
白玉質，鉤首作龍頭狀，鉤身寬厚，上作兩道雙
瓦紋，腹下有方形鈕，整器可見直線轉折，線條
犀利，打磨光滑。
(349 文 / 蔡國樑)

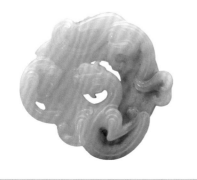

108 / 356　　　　　　　　　　P.018
戰國｜白玉螭龍戲水猴紋系璧
外徑 5.5 公分

白玉，玉質通透有蠟狀光澤，局部黃香色沁痕，
以圓雕、鏤空雕、高浮雕飾一奮力扭身轉首螭龍，
龍身矯健，回望一旁水猴子，水猴子作轉身穿雲
姿態，線條委婉流暢，背面刻鉤連雲紋。
(356 文 / 吳振仲)

109 / 390　　　　　　　　　　P.103
戰國｜白玉鳳紋觿一對
高 5.5 公分 橫寬 7.4 公分

白玉，玉質通透有蠟狀光澤，局部褐紅色沁痕及
灰皮，片雕一對鳳鳥，杏眼，鉤喙，羽冠高捲，
鳳身委婉曲折，尾作錐形，身飾花葉紋、竹節紋
及陰線紋。
（390 文 / 蔡國樑）

110 / 392　　　　　　　　　　P.083
戰國｜白玉穿雲螭紋韘
高 2.2 公分 長 5.3 公分

白玉，玉質通透，滿佈淺層灰皮，全器作盾牌形
韘，斜口，一側有拘弦用的凸脊，正面斜邊以浮
雕飾穿雲螭龍紋與鳳紋，此韘已非實用器。
（392 文 / 蔡國樑）

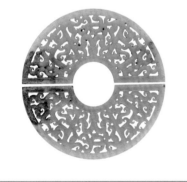

111 / 413　　　　　　　　　　P.036
戰國｜白玉透雕龍虺鳳交錯紋半璧瑝一對
直徑 13.9 公分 高 7 公分

白玉，玉質通透有蠟狀光澤，局部褐色沁斑，鏤
空片雕兩只半璧瑝，可合成一完整璧，每只瑝可
區分三段紋飾，中段為雙身虺龍與雙蟠虺龍，兩
側均為夔龍紋、虺龍與鳳紋相互糾結，紋飾圖案
複雜而華麗有序。
（413 文 / 蔡國樑）

112 / 174　　　　　　　　　　P.171
戰國晚期 至 西漢早期｜白玉翹尾神獸
長 13 公分 高 3.5 公分

白玉，玉質晶瑩泛油光，內蘊黑色斑點，部分受
沁白化。體呈圓雕虎形辟邪獸，體態修長，頭微
上揚，雙角後伏，雙目炯炯有神，裂嘴露獠牙，
頷下生髯，頰後披毛，四足生鬃毛，虎身伏地，
四足蹲踞，長尾曲翹，做欲撲殺狀，兇猛機警的
神態，表露無疑。
（174 文 / 陳明志）

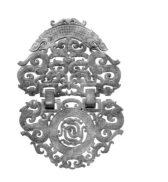

113 / 414　　　　　　　　　　　　　P.132
戰國晚期｜白玉透雕螭龍紋雙節珮
長 20.6 公分

白玉，泛黃，局部有褐色沁斑及灰皮，扁平體，係一整塊玉透雕成雙環雙節成一器，中有兩環可活動，致使上下兩玉珮可自由折疊。上珮上端雕鉤連雲紋雙龍首璜，下端雕 S 形雙龍紋，分置於 S 形雙螭紋兩側。下珮中飾鉤連雲紋環，環內鏤雕雙螭紋，雙螭呈相反的 S 形蟠繞，兩側雕 S 形雙龍紋，最底端有雙鳳紋相對望，兩鳳首有橋形相接，形成穿孔，可繫繩佩戴。
（414 文／蔡國樑）

114 / 415　　　　　　　　　　　　　P.053
戰國晚期 至 西漢早期｜黃玉圓雕鳳紋豆
高 18 公分

黃玉，泛青，玉質溫潤有油質光澤，大面積有褐紅色沁斑及灰皮，圓雕豆形器，器形源自西周晚期祭祀禮儀流行的青銅豆，青銅豆是盛裝醬料的容器。本玉豆上有蓋，蓋抓手飾柿蒂紋，側有柄，以圓雕鳳紋立於蓮花上裝飾，下承圈足，蓋沿、器身飾桓雲紋、鉤連雲紋，構圖精巧，裝飾華麗。
（415 文／吳振仲）

115 / 425　　　　　　　　　　　　　P.124
戰國晚期｜青白玉虎首方疊紋帶鉤
長 12.1 公分 高 2.3 公分

白玉，泛青，玉質半透，滿佈淺層灰皮與土斑，鉤首作螭龍首，頸部至鉤身作條板形，鉤身上以浮雕飾兩層矩形臺階五座，腹下有一方形鈕。
（425 文／蔡國樑）

116 / 429　　　　　　　　　　　　　P.090
戰國早期｜白玉龍首紋柱形玦
高 2.7 公分 直徑 3.1 公分

白玉，泛黃，玉質通透，圓管狀，中鑽圓孔，一側琢出缺口，器表淺浮雕琢龍首紋十個，頂端平面陰刻變形雲紋。
（429 文／蔡國樑）

117 / 430　　　　　　　　　　　　　P.192

戰國晚期 至 西漢早期｜黃玉四靈紋出廓璧
高 10.8 公分 直徑 10.3 公分

玉質沁呈褐色，並有淺層灰皮，透光處仍可辨為
黃玉質，扁平環形體，內外緣各飾一圈廓紋，廓
紋上是竹節紋，環體淺浮雕四靈紋，即青龍、白
虎、朱雀、玄武，其中朱雀雀首躍騰於環外，並
伴隨捲雲紋，紋飾佈局嚴謹，琢工犀利。
（430 文 / 蔡國樑）

118 / 443　　　　　　　　　　　　　P.021

戰國早期｜白玉變形雲紋系璧
直徑 4.4 公分

白玉，微泛黃，玉質通透，局部有輕微的土蝕及
土斑，片雕，內外緣各飾一圈廓紋，兩面均飾捲
雲紋，從雲紋造形來研判，應屬戰國早期之遺物。
（443 文 / 蔡國樑）

119 / 451　　　　　　　　　　　　　P.097

春秋｜白玉變形龍首紋橄欖瑯
長 4.5 公分

白玉，泛黃，玉質通透，灰皮斑駁，橄形管狀體，
兩端平切，通體浮雕龍首紋，上下有通心穿孔，
可繫繩。
（451 文 / 蔡國樑）

120 / 465　　　　　　　　　　　　　P.125

戰國｜白玉龍鳳併體左右手帶鉤一對
長 12.8 公分

全器幾乎滿佈灰皮，透光處可見通透白玉質，圓
雕帶鉤一對，鉤首飾鳳首，鉤身作 S 形龍，龍，
蛇身捲尾，轉頭凝視鳳鳥，鳳身化作右手（另一
只為左手）緊握龍身，構圖奇特，工藝精湛。
（465 文 / 吳振仲）

121 / 469　　　　　　　　　　　　　P.063
戰國｜青黃玉饕餮紋龍鈕帶蓋罍
高 22.7 公分

黃玉，微泛青，半透明，質地細膩圓潤有油質光
澤，局部受沁呈淺褐色、褐紅色及淺層灰皮。器
形來自西周青銅禮器的「罍」，蓋上圓雕昂首蟠
龍，磨菇角，背起凸稜，蓋沿飾鱗紋、陶索紋，
頸兩側有獸首銜環耳，頸下飾蟬紋一圈，腹部飾
獸面紋，高圈足光素無紋。
(469 文 / 蔡國樑)

122 / 470　　　　　　　　　　　　　P.104
戰國｜白玉龍形觿
高 6.6 公分 厚 0.6 公分

白玉，玉質通透有油質光澤，局部褐紅色沁痕，
扁平體，形如彎曲獸牙，整體為鏤空雕張嘴露齒
龍首，尾如錐，身飾竹節紋、花葉紋，形態優美，
造型別緻。
(470 文 / 蔡國樑)

123 / 266　　　　　　　　　　　　　P.099
戰國早期｜白玉龍首紋橄欖勒
高 5.5 公分

白玉，泛黃，半透明，玉質油潤，局部淺褐色沁，
玉呈橄欖形，上下兩端有凸弦紋與紐絲紋，勒體
飾龍首紋及雲紋，上下有通心穿，可繫繩佩戴。
(266 文 / 吳振仲)

124 / 547　　　　　　　　　　　　　P.016
戰國早期｜白玉龍首紋四虎出廓璧一對
直徑 10.6 公分 全長 13.2 公分 厚 1.1 公分

和闐白玉，玉質白而微泛青，水頭足有油質光澤，
微有黃香沁痕，屬水坑出土，扁平體，璧肉滿飾
變形雲紋，璧外出廓飾四只圓雕雲紋臥虎，此厚
璧成對，屬罕有珍品。
(547 文 / 徐嘉慶)

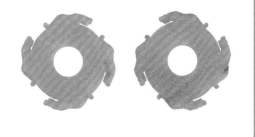

125 / 545　　　　　　　　　　　P.017
戰國｜白玉鏤雕龍紋出廓璧
高 20.9 公分 直徑 15.4 公分

和闐白玉，玉質瑩潤半透明泛油脂光澤，片狀體，
部分受沁呈淺褐色，整器為透雕出廓璧，璧身透
雕一螭一龍紋，璧外透雕昂首神獸飾出廓，琢工
犀利屬戰國風格。
(545 文 / 徐嘉慶)

126 / 522　　　　　　　　　　　P.024
戰國｜白玉鏤雕龍螭追逐紋環
直徑 8.4 公分 厚 0.5 公分

白玉，微泛青，玉質溫潤，有蠟狀光澤，局部有
褐色與黑色沁痕。全器呈扁平圓形，中央有孔，
孔徑與玉肉寬度相當，玉面鏤雕一龍一螭，首尾
追逐環繞全器。
(522 文 / 蔡國樑)

127 / 705　　　　　　　　　　　P.035
戰國｜青黃玉雙龍首齊字璜
高 5 公分 寬 17.7 公分

青黃玉，玉質瑩潤通透，泛油質光澤，局部有淺
層灰皮及白化現象。玉璜呈近半圓狀，璜身飾穀
紋，兩端飾龍首，龍，杏眼翹鼻，口微張，上唇
微露獠牙，璜下飾相背雙鳳，雙鳳間透雕『齊』
字，推斷此玉為訂約、餽贈、嫁娶之用。
(705 文 / 洪沛增)

128 / 541　　　　　　　　　　　P.042
戰國｜白玉甕
高 19 公分 口徑 14 公分 底徑 9 公分

和闐白玉，局部有土沁，為一罕見整顆和闐白玉
掏挖雕琢而成，唇口，平底微凹，整體飾饕餮圖
騰，琢工精細，構圖精美。
(541 文 / 徐嘉慶)

129 / 633　　　　　　　　　　　　　　P.054
戰國｜白玉雲紋豆一對
高 14.5 公分 寬 10.4 公分

白玉，整體受沁呈灰皮，並有褐色、褐紅色沁痕
與局部白化現象，開窗處可辨為白玉質。由蓋與
器身構成，蓋為半圓形，頂部有柿蒂紋抓手，側
有三逗形鈕，器身為半圓形，兩側有環形鈕，下
呈高足。器身與上蓋滿飾獸面紋、雲紋、勾連雲
紋、交叉雲紋、變形雲紋，足光素無紋。此器形
倣自商周祭祀用禮器－「青銅豆」，此器以玉製
成，除彰顯國富外亦有政治餽贈、陳設、把玩用
途。
(633 文 / 吳振仲)

130 / 542　　　　　　　　　　　　　　P.062
戰國｜白玉鳳鳥紋附螭耳觚形尊
高 24.9 公分 口徑 12.4 公分 底徑 9.2 公分

和闐白玉，玉質泛青，局部土沁，春秋青銅器形，
觚體外圓雕螭龍及淺浮雕鳳鳥各三只，雕工精緻
極為罕見。
(542 文 / 徐嘉慶)

131 / 553　　　　　　　　　　　　　　P.069
戰國｜青黃玉龍形把四足匜
長 19 公分 高 9.2 公分

青黃玉，局部有褐色、褐紅色沁痕，玉質溫潤有
油質光澤。為整塊玉圓雕而成，器形倣自西周水
器青銅匜，匜內掏空並琢磨光滑，匜一端為流，
一端為把，身飾菱形紋與變形竊曲紋，以翹鼻龍
作匜把，底承三獸足。
(553 文 / 蔡國樑)

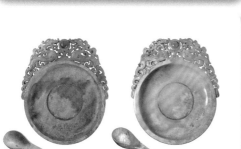

132 / 546、900　　　　　　　　　　　　P.043
戰國｜白玉雙龍戲珠盛露盤一對
直徑 14.3 公分 高 17.5 公分
匙長 13.7 公分

白玉質，屬和闐水料，全器沁呈褐紅色、褐黃色，
整塊玉圓雕成盤，盤沿鏤空雙龍，並各含白玉龍
首湯匙一只，盤外以出廓法透雕相對螭龍戲珠，
並以鑲嵌瑪瑙飾珠，雕工精緻為傳世罕見珍品。
(546 文 / 徐嘉慶、900 / 吳土城)

133 / 554　　　　　　　　　　P.098
戰國｜變形龍首紋長瓅
長 12.6 公分 直徑 1.6 公分

白玉，局部有淺層灰皮，玉質溫潤，有蠟狀光澤。
器呈長管形，周身琢龍首紋、變形雲紋，並飾以
鈕絲紋分上下兩層，兩端有對穿圓孔。
（554 文 / 蔡國樑）

134 / 703　　　　　　　　　　P.101
戰國｜白玉穀紋瓅
高 7.5 公分 寬 1.8 公分

和闐白玉，表面局部灰皮及黑褐色沁斑。玉瓅以
減地隱起法滿飾穀紋，中心有對穿圓孔，可繫繩
佩戴。
（703 文 / 洪沛璔）

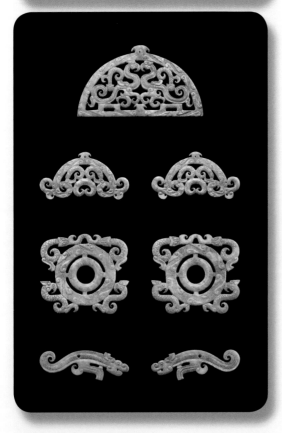

135 / 639　　　　　　　　　　P.110
戰國｜龍鳳紋玉全珮（七件）
半璧璜　　　高 7 公分 寬 12.4 公分
玉璜（左）　高 4.6 公分 寬 9.3 公分
玉璜（右）　高 4.6 公分 寬 9.4 公分
玉璧（左）　高 6.5 公分 寬 7.3 公分
玉璧（右）　高 6.5 公分 寬 7.3 公分
玉龍（左）　高 2.6 公分 寬 8.5 公分
玉龍（右）　高 2.6 公分 寬 8.5 公分

白玉，器表有淺褐色沁痕與黑色質變斑點，局部
有白化現象，開窗處可見白玉質。全珮由七件主
玉器組成，未見珠、瑀及衝牙，推斷可能遺失或
遺漏，七件均為鏤空片雕。
第一層半璧璜外輪廓飾三角雲紋與網格紋，內透
雕對稱雙鳳鳥與虺龍，鳳與虺身飾鱗紋，頂部有
鑽孔可繫繩。
第二層玉璜，透雕鳳紋、虺紋、雲紋，器表淺浮
雕三角雲紋與陰刻網格紋，頂有鑽孔可繫繩。
第三層玉璧，以雙鳳、雙虺紋飾璧外出廓，玉璧
內為同心圓雙環，全器滿飾三角雲紋、鱗紋、網
格紋，頂有鑿孔可繫繩。
第四層玉夔龍，龍首圓目、鼻上捲、口微張，龍
身飾繩紋，頸部網格紋、尾上捲，龍身有鑽孔可
繫繩。
（639 文 / 吳振仲）

136 / 704　　　　　　　　　　　　P.116
戰國｜青白玉 S 龍
高 7.2 公分 寬 4 公分

青白玉，玉質油亮通透，表面有輕微灰皮沁。片
雕 S 形龍，龍口微張，鼻上捲，似回首凝視遠方，
背有羽翼及圓穿，尾部捲曲，前腳觸及尾部，線
條生動流暢。
（704 文 / 洪沛璔）

137 / 634　　　　　　　　　　　　P.117
戰國｜白玉虎形珮
高 4.2 公分 寬 9.8 公分

白玉質，整體呈灰皮，並有淺褐色沁痕，局部有
白化現象，開窗處可辨為白玉質。片雕玉虎，虎
伏首，口微張，身飾虎皮紋，腳踏雲紋，背有鑽
孔，可繫繩。
（634 文 / 吳振仲）

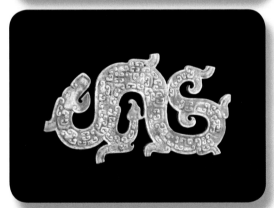

138 / 802　　　　　　　　　　　　P.118
戰國｜白玉雲紋 S 龍
長 13 公分 寬 6.7 公分 厚 0.6 公分

白玉，玉表滿佈灰皮，但仍可見溫潤玉質及原有
的玻璃光，局部有白化現象。龍呈 S 形，有如騰
空般飛揚，體態優美，蒼勁有力，尾鰭彎曲尖銳，
全器以減地隱起法滿飾龍紋及雲紋，隙地以遊絲
工琢網格紋及鱗紋，兩面紋飾相同，佈局細膩，
琢玉精湛。
（802 文 / 何滄霄）

139 / 804　　　　　　　　　　　　P.118
戰國｜白玉龍鳳紋珮
長 9.3 公分 寬 4.1 公分 厚 0.5 公分

白玉，泛青，玉質細緻，微現有玻璃光，局部有
深淺不一灰皮及土沁。片雕，龍鳳相背交纏，龍
圓眼，張嘴銜尾，斧形下顎，利爪，鳳圓眼，雲
紋耳，鳥喙彎曲尖銳，捲尾，龍鳳身飾花草紋，
網格紋，雙節紋，兩面紋飾相同，運用淺浮雕琢
玉技術達到立體效果，整體線條犀利，戰國玉器
風格明顯。
（804 文 / 何滄霄）

140 / 706 P.118
戰國｜青玉雙龍玉珮
高 5.2 公分 寬 6.8 公分

青玉質，表面滿佈淺層灰皮與局部白化現象。紋飾以透雕工藝刻劃相背雙龍，龍呈 S形，口微張，鼻上翹，中心為雙身虯龍紋，全器飾有鱗紋、網格紋、花葉紋等。上方有圓孔，可繫繩佩戴。
(706 文 / 洪沛璔)

141 / 638 P.119
戰國｜白玉雲從龍珮飾
高 5.2 公分 寬 10.4 公分

白玉，玉質瑩潤，泛蠟狀光澤，局部呈淺褐色沁痕及灰皮，開窗處明顯為白玉質。龍四肢健壯，身飾鱗紋、虎皮紋、圈紋，怒目圓睜，口微張，垂尾上捲，腳踏雲紋，昂首跨步前行，似遨遊天際。可做為佩飾及信物。
(638 文 / 吳振仲)

142 / 803 P.119
戰國｜青白玉琥形珮
長 8.6 公分 寬 5.3 公分 厚 0.5 公分

白玉，泛青，玉質細膩，油亮通透，局部有淺層灰皮。片雕琥形珮，杏眼，琥張口回首，斧形下顎，琥身呈流暢 S形，捲尾，利爪，身飾穀紋，兩面紋飾相同。
(803 文 / 何滄霄)

143 / 637 P.135
戰國｜青白玉龍鳳紋多節珮
長 72 公分 寬 6.5 公分

青白玉，玉質油潤透亮，泛油脂光澤，受土中鐵質所沁，局部呈淺褐色、褐紅色沁痕。多節珮頭尾共 12 件鏤空片雕玉器，及一件鉤首，間以銅環相連，紋飾有龍紋、鳳紋、虯龍紋、獸面紋、網格紋、交叉雲紋、鱗紋、繩紋 ... 等，且每片玉雕紋飾皆不相同，構思奇巧，線條流暢，琢工精湛。多節珮可佩掛於腰部，以彰顯地位，亦可作為政治餽贈、嫁娶信物之用。
(637 文 / 吳振仲)

144 / 521　　　　　　　　　　　　P.143
戰國｜黃玉穿雲螭帶璲
長 7.8 公分 寬 3.8 公分

黃玉，泛青，局部有深褐色沁痕，玉質通透，有
油質光澤。正面浮雕二穿雲螭，一螭身在中央穿
雲而出，另一螭只見前半身出雲，底部有長方形
鋬對穿，供革帶固定。
(521 文 / 蔡國樑)

145 / 551　　　　　　　　　　　　P.175
戰國｜白玉虺龍紋臥虎
高 4.8 公分 寬 6 公分

和闐白玉，玉質通透有光澤，全器受土中鐵質沁
呈淺褐色，圓雕臥虎，虎四足前伸，引頸，張口
凝視，生動活潑。
(551 文 / 徐嘉慶)

146 / 549　　　　　　　　　　　　P.197
戰國｜白玉朱雀
高 6 公分 寬 2.6 公分

白玉，屬和闐水料，部分沁呈淺褐色，圓雕立體
鳥型，昂首挺胸，鳳眼、鉤喙，利爪觸地有聲，
造型生動有力。
(549 文 / 徐嘉慶)

秦及兩漢

147 / 020　　　　　　　　　P.051
秦代｜白玉柿蒂紋帶蓋巵
高 11.4 公分

白玉,玉質通透細潤有油質光澤,局部有褐紅色
沁痕與較重灰皮。巵體呈圓筒形,一側有圈形鋬,
上有蓋,蓋抓手飾五瓣柿蒂紋,直口,平底,下
承三矮足,巵身光素無紋,線條優美,打磨精湛,
堪稱秦後期玉雕精品。
(020 文 / 蔡國樑)

148 / 145　　　　　　　　　P.165
秦代｜白玉仕女俑
高 21.3 公分

白玉,泛青灰,玉質半透明有油質光澤,局部灰
皮及淺褐色沁痕,圓雕仕女,仕女雙手交錯環抱
腹前,作站立狀,面橢圓豐滿,目微眙,嘴微笑,
髮辮整齊後梳,著右衽寬袖長袍,底擺向左後飄
動似在移步,神情自然,為玉人像之精品。
(145 文 / 謝傳斌)

149 / 247　　　　　　　　　P.164
秦代｜白玉持物跽坐人像(俑)
高 7.5 公分

白玉,泛青,半透明,周身點狀灰皮,並有鐵鏽
物附著。圓雕持物跽坐人,杏眼,直鼻,小嘴,
雲紋耳,戴冠,身著右衽長袍,雙手所擎之物已
失,造形生動自然。
(247 文 / 蔡國樑)

150 / 631　　　　　　　　　P.166
漢代｜青白玉圓雕玉侍人
高 10.5 公分 寬 2 公分

青白玉,玉質通透潤澤,局部有淺褐色沁斑及灰
皮。圓雕玉人,玉人身著秦漢侍者袍服,頭戴遮
耳平頂帽,橄欖眼,雲紋鼻,雙手環抱於腹前,
腰繫長帶,下擺曳地,前額帽緣處有鑽孔,可繫
繩佩戴。
(631 文 / 吳振仲)

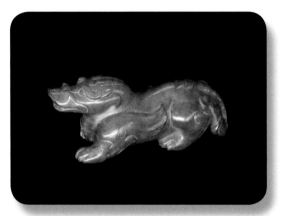

151 / 088 P.174
西漢早期│白玉長吻辟邪獸
高 4.2 公分 長 10.5 公分

白玉，泛黃，玉質油潤細膩，局部褐色、褐黑色
沁，圓雕辟邪獸，長吻，凸鼻，雙角伏貼，尾垂
捲貼於後臀，兩肩出羽翼，作行走狀。
（088 文／林振宇）

152 / 188 P.149
西漢早期│黃玉牛首紋鋪首
高 22 公分 寬 18 公分

黃玉，泛青，玉質通透，局部有褐紅色沁痕。由
整塊玉半圓雕成牛首銜環，形似鋪首，主體牛首
額上有饕餮紋，其上中央是牛骷髏頭，骷髏兩側
各蹲臥一頭小牛。牛嘴有插榫，接一活環，環由
圓雕兩虺龍組成，全器採用鏤空、圓雕、淺浮雕、
陰刻等技法，琢工精細，造形有濃厚的滇族風格。
（188 文／蔡國樑）

153 / 201 P.012
西漢早期│白玉四靈紋雙龍出廓璧
高 27 公分 璧徑 13.6 公分

白玉，泛青，玉質通透有蠟狀光澤，局部有褐色
沁痕與灰皮，璧分兩層紋飾，外層淺浮雕靈獸紋，
內層飾穀紋，璧上端透雕雙龍捲雲紋，龍相背昂
首鼓腹立於璧緣，索形鬣毛向上捲揚，頂部有圓
穿，紋飾流暢，琢工精良。
（201 文／蔡國樑）

154 / 207 P.030
西漢早期│白玉螭龍鳳穀紋圭璧合一
高 18.6 公分

白玉，玉質通透有油質光澤，局部有淺層灰皮，
主體由一圭、一璧組成，璧滿飾穀紋，圭上淺浮
雕穿雲螭與鳳相對望，圭下部飾饕餮紋，隙地補
以捲雲紋、花葉紋、竹節紋，紋飾華麗生動。
（207 文／蔡國樑）

155 / 019　　　　　　　　P.044
西漢│白玉穿雲螭紋角形杯
高 13 公分 橫寬 11 公分

白玉，玉質通透有蠟狀光澤，局部褐色、褐紅色
沁。角形體，杯口橢圓，往下漸收斂，底部向上
轉折成紐繩紋，杯身以半圓雕、高浮雕、淺浮雕
等技法飾牛角龍紋與穿雲螭等瑞獸，隙地淺刻鉤
連雲紋，紋飾層次分明，佈局巧妙，琢工精湛。
（019 文 / 蔡國樑）

156 / 022　　　　　　　　P.175
西漢│白玉圓雕祥鳳瑞獸擺件
高 7.7 公分

白玉，微泛青，玉質通透，鳳局部有褐紅色沁，
瑞獸局部灰皮，圓雕一鳳停駐於瑞獸背上，瑞獸
張嘴回首相望，獸身肌肉遒勁，四爪尖銳，形態
刻劃入微，是不可多得的圓雕擺件。
（022 文 / 蔡國樑）

157 / 046　　　　　　　　P.188
西漢│白玉馬上封侯擺件
長 15 公分 高 7 公分

白玉，玉質通透有玻璃光，局部沁呈淺褐色與褐
紅色。體呈圓雕臥馬，曲腿拱背翻躺於地，尾部
有一靈猴仰望嬉戲，神態刻劃生動，玉表打磨光
潔。
（046 文 / 蔡國樑）

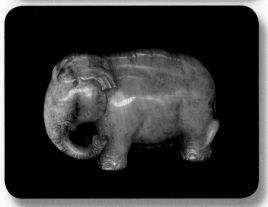

158 / 089　　　　　　　　P.206
西漢│黃玉圓雕立象
高 5.8 公分 長 10 公分

黃玉，微泛青，玉質透亮油潤，局部褐紅色沁痕
及灰皮。體呈圓雕立象，大耳伏貼，長鼻微向左
垂捲，尾下垂貼於左後腿，四足粗壯，踏地有聲，
背部肌肉遒勁有餘，整體刻劃生動，尤對象的形
態表露無疑。
（089 文 / 林振宇）

159 / 098　　　　　　　　　　　P.101
西漢｜青黃玉穿雲螭玏
高 5.3 公分

黃玉，泛青，玉質油潤通透，局部白化與質變斑，
圓管形，中有桯鑽穿孔，管身高浮雕穿雲螭，螭
龍轉折有力，肌肉遒勁有餘，隙地陰刻花葉紋與
捲雲紋。
（098 文 / 謝傳斌）

160 / 114　　　　　　　　　　　P.124
西漢｜白玉螭龍紋帶鉤
長 9.4 公分

全器沁呈褐色，大部份灰皮與初期質變斑，透光
處仍可辨為白玉質，鉤首雕作龍頭，鉤身高浮雕
穿雲蟠螭紋，腹部橢圓鈕，造形生動，簡潔傳神。
（114 文 / 蔡國樑）

161 / 115　　　　　　　　　　　P.142
西漢｜白玉浮雕螭龍紋帶璲
長 3.5 公分

白玉，微泛青，玉質油潤通透，局部有灰皮，扁
矩形體，中有銎，可穿帶，器表高浮雕穿雲蟠螭
紋，雲紋與利爪出廓，背部微弧，淺浮雕鳳紋、
雲紋。此玉帶璲屬服飾器，而非劍飾器。
（115 文 / 蔡國樑）

162 / 117　　　　　　　　　　　P.089
西漢｜白玉鉤連雲紋髮束
高 2.3 公分

白玉，玉質通透，有蠟狀光澤，邊緣局部有土蝕
斑痕，圓管形，中空，外壁刻鉤連雲紋，內外打
磨光滑。
（117 文 / 蔡國樑）

163 / 118　　　　　　　　　　　　P.020
西漢｜白玉穀紋系璧
直徑 5 公分 厚 1 公分

白玉，玉質油潤通透，有蠟狀光澤，局部黃褐色
沁痕，內外緣各飾一圈廓紋，兩面滿飾穀紋，穀
紋間菱格明顯，器表拋光精細。
（118 文 / 蔡國樑）

164 / 119　　　　　　　　　　　　P.203
西漢｜青黃玉蹲坐熊
長 5.8 公分

青黃玉，玉質細膩油潤，有玻璃光，局部褐紅色
沁與灰皮。體呈圓雕幼熊，熊作緩慢行走狀，造
型逼真圓潤可愛，玉表打磨光潔。
（119 文 / 蔡國樑）

165 / 124　　　　　　　　　　　　P.146
西漢｜白玉高浮雕螭紋劍飾器一組
劍首　直徑 4.7 公分
劍璏　橫寬 6 公分
劍璲　長 9 公分
劍珌　高 5.2 公分

四件均為白玉，玉質通透如凝脂，局部有褐紅色
沁痕，其上均高浮雕蟠螭虎，身形矯健，肌肉遒
勁有餘，構圖活潑生動。
（124 文 / 蔡國樑）

166 / 125　　　　　　　　　　　　P.147
西漢｜青黃玉穀紋雲紋劍飾器一組
劍首　直徑 4.9 公分
劍璏　橫寬 7 公分
劍璲　長 8.5 公分
劍珌　高 4.7 寬 5 公分

四件均為黃玉，泛青，玉質通透有玻璃光，局部
有褐黃色沁痕，劍首飾桓雲紋，劍璏飾饕餮紋，
劍璲飾獸面紋與捲雲紋，劍珌飾穀紋，紋飾優美，
拋光精細。
（125 文 / 蔡國樑）

167 / 141　　　　　　　　　　　　P.170
西漢｜青黃玉匍行辟邪獸
長 13 公分

黃玉，泛青，玉質細潤通透，局部灰皮並有硃砂
附著。體呈圓雕辟邪獸，張口露齒，鼻微翹，眼
圓睜，肩出雙翼，捲尾，四足著地有力，作低身
匍匐前行狀。
(141 文 / 吳振仲)

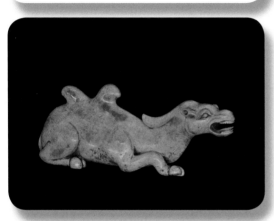

168 / 159　　　　　　　　　　　　P.207
西漢｜白玉蹲臥駱駝
長 25 公分　高 8.9 公分

大部份呈灰皮及少部份沁呈淺褐色，開窗處可見
溫潤白玉質及油質光澤，局部褐紅色沁痕及灰
皮。體呈圓雕蹲臥駱駝，背有雙峰，口部微張吐
舌，雙眼圓睜，雙耳與鬃毛均往後伏貼，右前腳
屈膝前伸，左前腳屈膝往後，整體圓雕栩栩如生，
實為漢代玉雕不可多得的珍品。
(159 文 / 廖元滄)

169 / 160　　　　　　　　　　　　P.209
西漢｜白玉擡腳馬
長 15.2 公分　高 15.8 公分

白玉，玉質半通透有油質光澤，局部褐紅色沁痕
及大面積灰皮。體呈圓雕玉馬，三足站立，低頭
前視，左前腳擡起，張口噴鼻，似在嘶鳴，又似
乎作勢跳躍，馬身肌肉飽滿有力，栩栩如生，實
為漢代玉雕珍品。
(160 文 / 廖元滄)

170 / 163　　　　　　　　　　　　P.020
西漢｜白玉穿雲螭紋出廓系璧
高 6.8 公分

和闐白玉，玉質油潤，浮凸部位受沁呈褐色、淺
褐色，高浮雕為兩條穿雲螭，一回首出廓於系璧
上端，螭尾飾鳳首，背面為排列整齊的乳釘紋。
(163 文 / 廖元滄)

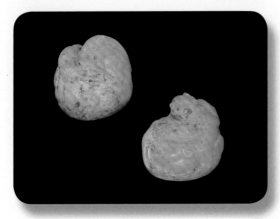

171 / 172　　　　　　　　　　　P.073
西漢｜白玉龍鳳紋文鎮一對
高 3 公分 底徑 2.9 公分

白玉，半透明，玉質油潤晶瑩，局部有鐵鏽斑，
圓雕一對蟠螭虎，螭虎身軀，一只向左，一只向
右各自蜷曲，底平齊，神態悠閒自然。
(172 文／蔡國樑)

172 / 173　　　　　　　　　　　P.014
西漢｜白玉穀紋螭龍出廓璧
高 14.3 公分

白玉，泛青，玉質細緻溫潤，局部受沁白化。璧
面飾浮雕穀紋，雕工精細，佈局工整，璧頂上透
雕出廓螭龍，龍頸飾鱗紋，張口露齒，龍爪銳利，
昂首挺胸展翅，羽尾下垂捲曲貼於璧上，線條流
暢，氣勢雄偉。
(173 文／陳明志)

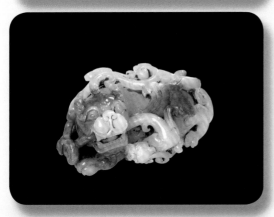

173 / 177　　　　　　　　　　　P.169
西漢｜白玉圓雕母子瑞獸
高 3.6 公分 寬 6 公分

白玉，玉質溫潤有油質光澤，局部紅褐色沁痕。
體呈圓雕母子瑞獸，母獸坐臥，頭頂鏤空雕一長
歧角，肩生雙翼，尾回捲，小獸在旁嬉戲，母獸
張口露齒，欲將小獸啣在口中，姿態生動，神情
兼備，是漢代圓雕上乘之作。
(177 文／陳明志)

174 / 178　　　　　　　　　　　P.060
西漢｜白玉鏤空浮雕龍鳳紋觥
高 12.1 公分

白玉，玉質通透，局部受沁白化。整塊玉圓雕而
成，外形為一螭龍馱杯，螭龍張口露齒，奮力前
行，頭上有一鋬，內有活環，杯身高浮雕蟠螭龍
與鳳紋。構思巧妙，造型奇特，雕工精湛，為罕
見的漢代玉雕珍品。
(178 文／陳明志)

175 / 182　　P.064
西漢｜白玉雙羊尊
高 11.5 公分 寬 13.1 公分

白玉，玉質透亮，有油質光澤，局部灰皮及褐色
鐵鏽斑，器形倣自商周青銅器雙羊尊，雙羊相背，
紐繩紋羊角，身飾變形雲紋、獸面紋。
（182 文 / 謝傳斌 ）

176 / 197　　P.180
西漢｜白玉辟邪、天祿神獸
左　長 4.7 公分
中　長 4.2 公分
右　長 4.9 公分

白玉，玉質通透，細部黑色沁痕，天祿面柔帶笑，
神情憨厚，有走姿、蹲姿、坐姿，屬把玩件。
（197 文 / 蔡國樑 ）

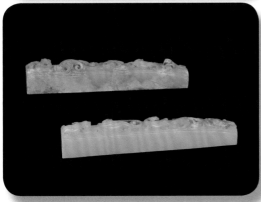 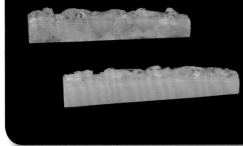

177 / 208　　P.073
西漢｜白玉穿雲螭鳳紋文鎮一對
長 7.5 公分 深 2.4 公分 高 3.3 公分

兩件均為白玉，玉質通透如凝脂，長條狀，一端
漸收斂，其中一只局部明顯有褐色沁與灰皮，其
上均高浮雕穿雲蟠螭虎、螭鳳紋，姿態各異，身
形轉折自然，肌肉遒勁，形態生動。
（208 文 / 蔡國樑 ）

178 / 212　　P.171
西漢｜白玉符拔
高 5.1 公分 長 11.4 公分

白玉，泛青，玉質瑩潤半透明有蠟狀光澤，局部
褐紅色沁斑。體呈圓雕無角符拔，兩前足前伸，
後肢側伸，雙眼圓睜，如意鼻，雙耳伏貼，張口
露齒，花尾，作伏臥狀，肌肉浮凸，遒勁有餘，
為漢代圓雕難得的佳作。
（212 文 / 廖元滄 ）

179 / 214　P.177
西漢｜青黃玉帶座天祿一對
高 6.1 公分 長 12.5 公分

黃玉，泛青綠色，玉質通透瑩潤，局部受沁呈褐紅色，整體四件表面皆有強烈玻璃光。造型為一對獨角天祿，各配有一底座，底座浮雕一穿雲螭與一穿雲鳳，天祿角呈彎勾狀，雙目圓睜，鼻頭高翹，張口露齒，身出雙翼，四足蹲踞蓄勢待發，捲尾分叉，神態威猛，栩栩如生，為漢代圓雕工藝頂尖之作品。
(214 文 / 廖元滄)

180 / 215　P.185
西漢｜白玉長吻（饕餮）蹲臥龍
高 6 公分 長 18 公分

全器沁呈灰白色，小部份有褐紅色沁，開窗處可見白玉質。體呈圓雕臥獸，長吻，張口露齒，額起四道皺折，貼耳，尾垂捲如陶索貼左臀，四肢曲蹲，作撲襲狀，構圖巧異，形態生動自然。
(215 文 / 蔡國樑)

181 / 216　P.187
西漢｜白玉坐姿天馬
高 10.5 公分 長 12.3 公分

白玉，泛黃，大面積灰皮，透光及開窗處明顯可見溫潤白玉質。體呈圓雕跪坐馬，前足屈跪，後足前伸，鬃毛梳理整齊而聳立，兩側出雙翼，眼圓睜，張口露齒，似在鳴嘶，全器打磨光滑。
(216 文 / 鄭偉華)

182 / 217　P.204
西漢｜青黃玉立鹿一對
高 14 公分

黃玉，泛青，大面積灰皮，局部褐紅色沁痕。體呈圓雕立鹿一對，左右各轉首凝視，鹿角高豎，尖端相連，短尾，足踏玉板，肌肉遒勁，神態祥和。
(217 文 / 鄭偉華)

183 / 225　　　　　　　　　　P.101
西漢｜白玉高浮雕螭鳳熊紋瑝
長 6 公分

白玉，已漸轉秋葵色，玉質通透，有油質光澤，局部有灰皮及土斑，圓管形，玉表高浮雕蟠螭虎與螭鳳紋，隙地飾陰刻捲雲紋，琢工細膩，獨具神韻。
(225 文／蔡國樑)

184 / 246　　　　　　　　　　P.179
西漢｜白玉圓雕母子獸
長 13.6 公分　高 7.8 公分

白玉，微泛青，玉質半透有油質光澤，一小部份有淺層灰皮，圓雕母子辟邪獸，頭生一角，張口露齒，母獸抬頭挺胸，身側出雙翼，小獸低伏轉首前望，頗富動感。
(246 文／蔡國樑)

185 / 274　　　　　　　　　　P.143
西漢｜白玉螭紋帶璲
高 5.3 公分

白玉，泛黃，玉質通透細潤，局部有淺層灰皮，長方體，中有矩形銎，器表浮雕蟠螭虎，近邊緣處透雕雲紋，革帶可自銎處穿過，繫於腰上。
(274 文／蔡國樑)

186 / 300　　　　　　　　　　P.198
西漢｜白玉玄武
高 6.5 公分　長 10.4 公分

白玉，泛黃，半透明有蠟狀光澤，下腹部有多處受砂土沁蝕的蛀痕，圓雕龍龜，背負長蛇，即所稱的玄武，玄武為四靈獸之一，主管北方事務。
(300 文／蔡國樑)

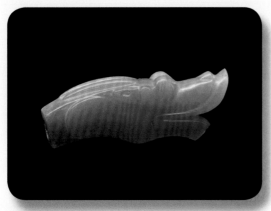

187 / 304　　　　　　　　　　P.154
西漢｜白玉龍首嵌件（勺柄）
長 5.8 公分

白玉，泛黃，玉質通透，有蠟狀光澤，圓雕龍首
嵌件，雙角伏貼，眼眶聳立，長吻微上翹，口微
張，頸部平切有圓孔，可鑲嵌物件。
（304 文／鄭偉華）

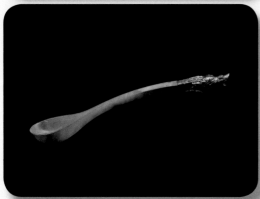

188 / 313　　　　　　　　　　P.155
西漢｜白玉鑲金龍首盛露勺
長 17.5 公分

白玉，泛黃，玉質通透有油質光澤，局部灰皮並
伴有褐色沁，圓雕玉勺，光素無紋，柄端鑲嵌金
龍首，龍首沾有鐵鏽斑，工藝細膩，刻畫入微。
（313 文／蔡國樑）

189 / 328　　　　　　　　　　P.079
西漢｜白玉龍形髮簪
長 17 公分

白玉，微泛青，玉質通透有油質光澤，龍首局部
有褐黃色沁痕，長條曲折形，龍首凸眼，張口吐
舌，兩角向後垂捲，前肢貼放於兩側，身軀如蛇
形，尾收尖。
（328 文／蔡國樑）

190 / 337　　　　　　　　　　P.045
西漢｜黃玉浮雕龍紋角形杯
高 14 公分

和闐黃玉，因長時間盤玩色呈深褐色，角形杯器
身正面以浮雕飾龍紋，背面以淺浮雕琢一頭頂藩
杖的龍紋，整體造型與台北故宮博物院所藏玉角
形杯幾乎相同。
（337 文／廖元滄）

191 / 338　　　　　　　　　　P.023
西漢｜白玉鏤空雕龍鳳紋大重環
直徑 16.8 公分

和闐白玉，玉質半透明，局部有深、淺褐色沁，
器表附著有鐵鏽渣。璧呈重環分內外層，內層透
雕一遊龍，外層透雕一鳳鳥，鳳鳥站立在遊龍伸
出的前爪上，回眸凝視遊龍，整體造型與南越王
墓博物院藏透雕龍鳳紋重環珮相同。
(338 文 / 廖元滄)

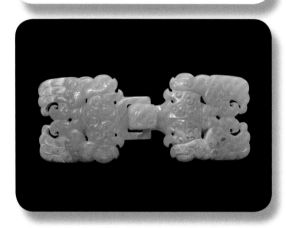

192 / 339　　　　　　　　　　P.130
西漢｜青黃玉饕餮紋帶鉤
左　長 7 公分　高 5 公分
右　長 6.6 公分　高 5 公分

黃玉，泛青，局部灰皮漸泛紅，玉質油潤通透，
由一鉤一環組成，鉤首淺浮雕獸首，鉤、環表面
均淺浮雕饕餮紋，兩側有利爪，後有尾羽及羽翼，
背部有圓鈕。
(339 文 / 吳振仲)

193 / 351　　　　　　　　　　P.040
西漢｜白玉鳳紋羽觴杯
長 12 公分　高 2.7 公分

白玉，玉質瑩潤，局部有褐紅色沁斑及灰皮。器
身橢圓形，淺腹，平底臺階式足，兩側有耳，如
同鳥之雙翼，故名「羽觴」。內部光素無紋，器
外以陰線飾鳳鳥紋，整器線條流暢規整。
(351 文 / 鄭松林)

194 / 354　　　　　　　　　　P.031
西漢｜白玉饕餮穀紋圭璧合一
高 15 公分

白玉，泛黃，玉質通透有油質光澤，局部有褐色
沁痕與淺層灰皮。主體由一圭、一璧組成，璧滿
飾穀紋，穀芽飽滿立體，圭上淺浮雕一對穿雲螭，
螭龍兩相對望，圭下部飾饕餮紋，紋飾精美，線
條流暢。
(354 文 / 蔡國樑)

195 / 357　　　　　　　　　　　　P.203
西漢｜白玉圓雕臥鹿
長 5.8 分　高 2.8 公分

白玉，玉質通透有油質光澤，局部灰皮及淺褐色沁，鹿作臥式，圓雕而成，杏眼，雙角伏貼後背，尾垂捲貼附後臀，鹿身光素無紋，尾有簡單陰線紋，表情生動，琢工細膩。
(357 文 / 蔡國樑)

196 / 359　　　　　　　　　　　　P.145
西漢｜白玉高浮雕螭虎紋劍飾器一組
劍首　直徑 4.8 公分　厚 2.2 公分
劍璏　橫長 5.5 公分　厚 2.5 公分
劍璏　長 11 公分　厚 2.3 公分
劍珌　高 4.8 公分　橫寬 6 公分

四件均為白玉，玉質細膩通透如凝脂，局部有褐紅色沁痕及微量淺層灰皮，劍璏附著有鐵鏽斑塊，其上均高浮雕蟠螭虎，紐繩紋尾，四爪尖銳，扭身轉首，頗富動感，肌肉遒勁有餘，神情刻畫生動。
(359 文 / 吳振仲)

197 / 366　　　　　　　　　　　　P.022
西漢｜白玉鏤空螭紋環
直徑 8.9 公分

大面積灰皮層，局部褐色沁，透光處可見溫潤白玉質。由兩面透雕雙龍雙螭纏繞成一周，龍、螭皆作大跨步騰飛狀，兩兩相對，線條流暢，工藝精湛。
(366 文 / 吳振仲)

198 / 372　　　　　　　　　　　　P.178
漢代｜白玉圓雕辟邪天祿一對
辟邪（左）　高 5.5 公分　長 8 公分
天祿（右）　高 4.8 公分　長 10.3 公分

白玉，玉質半透明有油質光澤，圓雕天祿與辟邪，天祿局部些微淺褐色沁，辟邪局部有褐紅色沁，均作張口露齒，轉首凝視狀，肩出雙翼，捲尾。古籍有關辟邪的記載：「符拔，似鹿，長尾，一角者為天祿，兩角者為辟邪。-----」，帝王、諸侯陵墓同時出現天祿與辟邪的可謂少之又少，本辟邪天祿一對，其風格與工藝為同一時期工匠所為，實屬難能可貴。
(372 文 / 鄭偉華)

199 / 384　P.138
西漢｜白玉鳩杖首
長 13.4 公分 高 6.6 公分

和闐白玉，泛黃，局部土沁及黑色沁痕，尾部可辨白玉質，晶瑩溫潤。整體圓雕而成，底有一圓槽可插木杖一類之器物，尾垂卷，頸部飾一扣環，可繫繩。整體造形優美，表情生動平和，全器無使用痕跡。本器為漢朝典型鳩杖首形制，漢鳩杖首目前傳世有美國舊金山亞洲藝術館及日本有竹齋各一件。
（384 文／蔡國樑）

200 / 394　P.191
西漢｜青黃玉幼鹿（幼麒麟）
高 2.4 公分 長 3.2 公分

黃玉，微泛青，玉質通透，有油質光澤，局部褐黃色沁及灰皮。體呈圓雕臥鹿，昂首，圓眼，閉口，豎耳，雙角微隆起，身飾陰線紋，此圓雕動物曾被判為獬豸，但從雙角與獸蹄觀察，應為小鹿，與獬豸的獨角、獸爪特徵不同。
（394 文／蔡國樑）

201 / 404　P.216
西漢｜白玉珮蟬
高 6.1 公分

白玉，玉質瑩潤無瑕，頭部有原始鼻穿，雙眼微突，用減地法飾雙翼，以淺浮雕琢出環節，整體造形生動柔美為一難得之漢朝珮蟬。
（404 文／蔡國樑）

202 / 104　P.086
漢代｜白玉鳳紋韘形珮
長 8 公分

白玉，玉質通透有玻璃光，邊緣局部灰皮，半圓雕，中間為盾牌形，中有一圓孔，右上側透雕鳳紋，左下側透雕鳳鳥尾翎，鳳冠翻捲，勾喙，神態冷傲，韘飾有竹節紋、捲雲紋，盾尖部有圓穿，可繫綬，全器刻工細密，線條流暢，整體可見戰國遺風。
（104 文／謝傳斌）

203 / 199　　　　　　　　　　P.203
漢代｜白玉坐熊
高 4.2 公分

白玉，玉質溫潤有蠟狀光澤，佈滿淺層灰皮。體
呈圓雕坐熊，低首，大眼，長鼻，尖唇，曲肘前
伸，後足側曲，身飾陰線紋，作側坐狀，底平齊
無紋。
（199 文／蔡國樑）

204 / 234　　　　　　　　　　P.087
漢代｜白玉九獸紋韘形珮
高 4.5 公分 厚 1.8 公分

白玉，局部有深褐色沁斑，長方體，中有一橢圓
孔，背面游絲雕花葉紋、S 紋，正面高浮雕有五
龍、二虺、一螭虎、一鳳共有九獸，雕工精湛紋
飾細膩，整體造型與一般漢代韘形珮有別，應為
西漢晚期之玉雕精品。
（234 文／廖元滄）

205 / 334　　　　　　　　　　P.085
西漢｜白玉螭鳳紋韘形珮
高 6.2 公分 寬 5.1 公分

和闐白玉，玉質通透油潤，表面有強烈玻璃光，
螭龍尾部有褐色沁斑，中間為盾牌形，中有一圓
孔，一側透雕螭龍，另一側透雕鳳鳥，整體造型
與台北故宮白玉韘形珮類同。
（334 文／廖元滄）

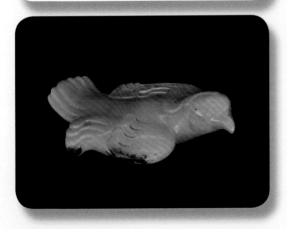

206 / 238　　　　　　　　　　P.176
漢代｜白玉鳳鳥
長 9.5 公分 高 3.2 公分 寬 5.7 公分

白玉，微泛青，玉質通透，微有灰皮，邊緣局部
亦有些微褐黑色沁斑，圓雕展翅鳳鳥，作飛翔狀，
兩翼及尾翼以浮雕、陰刻飾羽鱗紋，整體神態安
靜祥和。
（238 文／吳振仲）

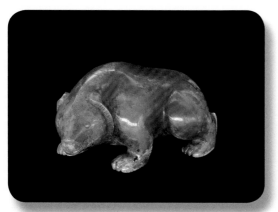

207 / 239   P.208
漢代｜白玉熊
長 10 公分 高 5.8 公分

白玉，泛青，玉質溫潤有油光，局部褐紅色鐵質
沁痕。體呈圓雕走熊，圓眼，嘴微凸，四足強健
有力，身飾陰線紋，作慢步行走狀。
（239 文／蔡國樑）

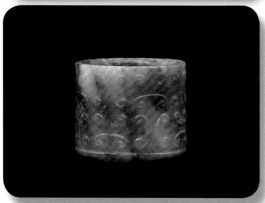

208 / 391b1   P.088
漢代｜白玉桓雲紋班指
高 2.4 公分

大部份沁呈褐色，開窗處可見溫潤白玉質，局部
灰皮與土斑，短圓管形，一端斜口，另一端有邊
稜，器表滿飾桓雲紋，漢代扳指出土與傳世極少
見到，目前所知紋飾均為桓雲紋，此為漢的標準
紋飾。
（391 文／蔡國樑）

209 / 416   P.061
西漢早期｜青黃玉饕餮紋龍把觥
高 13 公分 長 15.3 公分

青黃玉，玉質通透有蠟狀光澤，把手處有較明顯
的灰皮，整塊玉圓雕而成，橢圓體，下承圈足，
器形源自西周的青銅容酒器「觥」，前端有流，
另一端以獸首為把，下銜一活環。周身浮雕饕餮
紋、鳥紋，以及陰刻三角捲雲紋，紋飾留有戰國
遺風，工藝特徵表露無疑。
（416 文／何滄霄）

210 / 417   P.049
西漢早期｜白玉高浮雕穿雲螭帶蓋奩
高 10.5 公分 底徑 10.1 公分

白玉，微泛黃，玉質油潤半透明，局部灰皮與土
斑，底部鈣白，奩體呈矮圓筒形，一側有圈形鋬，
上有蓋，蓋抓手飾五瓣柿蒂紋，蓋面飾捲尾回首
虎，直口，平底，下承三矮足，奩身飾高浮雕螭
虎，螭虎從雲端鑽出，扭身回首凝望，地飾上下
兩層狩獵紋，有虎、熊、蛇、雀、犀等瑞獸。
（417 文／蔡國樑）

211 / 426　　　　　　　　　P.164
西漢｜白玉圓雕內侍坐俑
高 7.3 公分 長 4.1 公分

白玉，半透明，局部灰皮，表面附著黑褐色鐵沁斑。體呈圓雕跽坐男俑，頭戴巾幘，身著曲裾袍，扭轉上身，並舞動雙手，似在陳述重要事情，生動自然。
（426 文 / 蔡國樑）

212 / 435　　　　　　　　　P.219
西漢｜白玉圓雕蚱蜢
長 2.5 公分

白玉，玉質通透泛油光，局部有淺層灰皮，圓雕俯臥蚱蜢，凸圓眼，翹尾，腹有節，器雖小，然對蚱蜢各個環節刻劃入微，栩栩如生。
（435 文 / 蔡國樑）

213 / 439　　　　　　　　　P.174
西漢｜瑪瑙辟邪獸
高 5.2 公分 長 5.9 公分

白瑪瑙，質通透，局部泛紅，底有灰皮，圓雕辟邪獸，凸眼，張嘴露齒，雙翼高聳，四肢前伸，轉首凝望，神情威猛。
（439 文 / 蔡國樑）

214 / 446　　　　　　　　　P.143
西漢｜白玉獸面鉤連雲紋劍璏
高 1.4 公分 長 11.2 公分

白玉，玉質油潤通透，器表有褐色、褐紅色大塊沁痕，長方形，表面以隱起技法雕獸面紋與捲雲紋。背面有長方形銎，供鑲嵌劍鞘後再以絲、麻帶綁紮，使之牢固，此劍璏受鐵沁較深，可知已曾鑲嵌使用過。
（446 文 / 蔡國樑）

215 / 447　　　　　　　　　　　P.196
西漢｜白玉圓雕朱雀
高 2.5 公分 長 9.1 公分

白玉，玉質通透，局部有淺褐色沁痕，杏眼，嘴微閉，羽冠貼服，羽尾微右彎，雙翼後收，作俯衝飛翔狀，身飾羽鱗與短陰線紋。
（447 文／曾傑）

216 / 448　　　　　　　　　　　P.019
西漢｜白玉三螭龍戲水猴紋出廓璧
高 11.4 公分 直徑 9.4 公分

白玉，玉質油潤通透，器表有明顯灰皮，並伴有淺褐色沁斑，扁平體，璧體透雕兩螭紋與仙人騎獸，獸尾處有一水猴嬉戲，其中一隻螭龍探出璧外，再回首攀附璧緣，伴隨有捲雲紋，構圖活潑生動。
（448 文／蔡國樑）

217 / 449　　　　　　　　　　　P.015
西漢早期｜黃玉狩獵紋雙鳳出廓璧
長 12.2 公分 直徑 9.5 公分

黃玉，泛青，玉質通透有油質光澤，局部已沁呈褐色，片狀，璧孔內鏤空雕一龍，昂首鼓腹，尾捲曲，作行走狀，璧飾羽人狩獵圖，兩側各透雕一鳳，作相背貼伏於璧緣狀。
（449 文／蔡國樑）

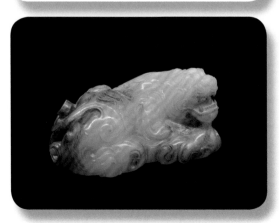

218 / 026　　　　　　　　　　　P.169
漢代 至 三國｜白玉圓雕穿雲螭紋瑞獸
高 5 公分 長 9.5 公分

白玉，玉質通透泛玻璃光，局部有褐黃色、淺褐色沁痕與淺層灰皮。體呈圓雕瑞獸，獨角，大眼，張口露齒，尾分岔垂捲，形似威猛，身飾穿雲螭紋，形象生動。
（026 文／蔡國樑）

219 / 460　　　　　　　　　　　　P.199

漢代｜白玉劉晙及四靈鈕吉祥印璽一組（四加一）

高 5.5 公分 長 5 公分 寬 5 公分

白玉，玉質細潤通透，泛油質光澤，局部灰皮與
淺褐色沁痕，吉祥語印璽一組四方及瓦鈕「劉晙」
玉印一方，吉祥語印鈕分別為青龍、白虎、朱雀、
玄武四靈，印文為：「歲燈成熟」、「踐此萬歲」、
「海內皆臣」、「道無飢人」。

（460 文／吳振仲）

220 / 421　　　　　　　　　　　　P.075

西漢｜白玉鉤連雲紋帶蓋筆舔

高 6.6 公分 直徑 9.8 公分

白玉，微泛黃，玉質油潤半透明，局部灰皮與褐
黃色沁痕，並夾雜黑斑，淺底圓盤形，上有蓋，
蓋抓手飾五瓣柿蒂紋，平底，下承三蹲坐人為足，
周身飾鉤連雲紋。

（421 文／蔡國樑）

221 / 510　　　　　　　　　　　　P.015

西漢｜白玉鏤雕雙龍螭虎紋出廓璧

高 16.5 公分 寬 11.7 公分

白玉質，器表滿佈淺層灰皮，開窗處可辨為白玉。
器呈片狀，全器以鏤空裝飾，出廓以神獸踏雲裝
飾，璧身分飾內外兩層，內層滿飾穀紋，外層透
雕雙龍紋與雙螭紋。

（510 文／蔡國樑）

222 / 533　　　　　　　　　　　　P.019

西漢｜白玉螭龍戲水猴紋系璧

最寬處 5.5 公分

和闐白玉，玉質溫潤，玉表大都呈黃香沁，局部
有褐紅色沁痕。高浮雕系璧，正面浮雕穿雲水猴
與穿雲螭龍，水猴手握螭尾，螭龍凝視水猴，頗
富動感，背面飾穀紋，整體構圖靈巧。

（533 文／蔡國樑）

223 / 622　　　　　　　　　　P.021
西漢｜白玉螭龍環
高 6 公分 寬 5.8 公分

白玉質，底部有黃褐色沁痕。半圓雕玉環，上飾
高浮雕螭龍，呈環形捲尾狀，螭首伏貼捲尾，張
口怒視，腿部飾有羽翼，此為配飾用玉。
（622 文 / 吳振仲）

224 / 504　　　　　　　　　　P.027
西漢｜白玉鉤連雲紋鐲
外徑 8.5 公分 內徑 6.7 公分

白玉，泛青，玉質溫潤有油質光澤，局部有絲絮
狀深褐色沁痕。內徑大，玉肉寬厚，呈手環狀，
內壁平直，外壁滿琢鉤連雲紋。
（504 文 / 蔡國樑）

225 / 535　　　　　　　　　　P.041
西漢｜白玉四靈獸羽觴杯
長 13.5 公分 高 3.5 公分

白玉，局部有深褐色沁痕，玉質油潤半透明。羽
觴杯又稱耳杯，造型取自漆器羽觴杯，器呈半橢
圓體，側出雙翼作耳，耳上琢陰線雲紋，器表浮
雕有四靈獸，內壁拋磨光滑。
（535 文 / 蔡國樑）

226 / 511　　　　　　　　　　P.046
西漢｜黃玉浮雕龍紋角形杯
高 17 公分 寬 9.7 公分

黃玉，微泛青，局部有褐色、灰褐色及黑色沁痕，
並有黑色有機物及銅綠鏽斑附著，開窗處顯見溫
潤玉質，未受沁處有蠟狀光澤。平口，角身，內
掏空並打磨光滑，器身正面以淺浮雕琢龍紋為主
題，龍尾飾鈕繩紋。
（511 文 / 蔡國樑）

227 / 531　　　　　　　　　　　　　　P.047
西漢｜白玉螭鳳龍紋角形杯
口徑 4.8 公分　高 14 公分

白玉，局部有淺褐色沁斑與灰皮，玉質溫潤，泛
油質光澤。平口，角身，杯口沿陰線環繞一周，
杯身浮雕螭龍與螭鳳紋，隙地以減地隱起法飾 T
字紋與鉤連雲紋，底部角端回捲飾紐繩紋。
(531 文 / 蔡國樑)

228 / 515　　　　　　　　　　　　　　P.047
西漢｜青黃玉羊首來通杯
長 10.5 公分　高 4.7 公分

黃玉，泛青，局部有褐色絲絮狀斑痕及土蝕，玉
質溫潤，有油質光澤。整體作羊首角狀，此器形
來自西域大秦帝國，內部掏空並打磨光滑，角端
飾一羊首，羊首面紋簡練，靈韻古拙，羊角如流
水般蜷曲附著至器口，外觀與陝西歷史博物館藏
「唐代獸首瑪瑙杯」近似。
(515 文 / 蔡國樑)

229 / 507　　　　　　　　　　　　　　P.058
西漢｜白玉鳳紋觥
高 9.8 公分　橫寬 7.7 公分

白玉，玉質通透油潤，局部受土中鐵質所沁，呈
淺褐色與褐紅色沁痕，口部略斜，呈橢圓形，器
身呈角形，內部掏空打磨光滑，外壁以陰線飾鳳
紋，器背高浮雕一蟠螭龍，器底圓雕回首螭鳳托
底，用以平穩觥身。
(507 文 / 蔡國樑)

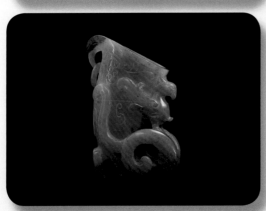

230 / 616　　　　　　　　　　　　　　P.059
西漢｜白玉鳳紋觥
高 11 公分　寬 7 公分

白玉質，整體受沁呈淺褐色、褐紅色、黑褐色等，
局部有微量淺層灰皮，一側有圓形活環，另一側
高浮雕展翅鳳鳥，底部圓雕捲雲紋回捲飾底座，
此鳳紋觥器形亦是倣自商周祭祀用禮器－「青銅
觥」，此器以玉製成，除彰顯國富外亦有政治餽
贈、陳設、把玩用途。
(616 文 / 吳振仲)

231 / 610　　　　　　　　　　P.065
西漢｜青白玉長頸玄武尊
高 9.4 公分　寬 8.2 公分

青白玉，玉質通透油潤，少部份有硃砂殘留，受坑口環境影響致玉表局部有白化現象。玄武長頸，張口露齒，怒目圓睜，捲尾，體態圓潤飽滿，背浮雕盤蛇飾蓋，蓋內掏空可置物，此玄武尊器形應是做自春秋青銅鳥獸尊，用於陳設或把玩、餽贈之用。
（610 文 / 吳振仲）

232 / 611　　　　　　　　　　P.066
西漢｜青白玉鹿尊
高 12.5 公分　寬 18.5 公分

白玉質，泛青，受坑口環境影響，局部有褐紅色、褐色沁痕，並有白化現象與淺層灰皮。整塊玉圓雕而成，母鹿背部有蓋，蓋上雕小鹿飾鈕，蓋內掏空可置物，鹿雙眼凝視前方。此鹿尊器形亦是做自春秋青銅鳥獸尊，用於陳設或把玩、餽贈之用。
（611 文 / 吳振仲）

233 / 512　　　　　　　　　　P.042
西漢｜白玉長樂活鈕螭紋香薰
高 10 公分　口徑 8.7 公分　外徑 10 公分

白玉，局部有褐色、淺褐色沁痕，開窗處可見溫潤玉質，並有油質光澤。整器可分為蓋子與器身，器身掏空，並打磨光滑，蓋有鏤空「長樂」二字的金色活鈕，蓋身作鏤空如意雲紋，中飾柿蒂紋，邊飾穿雲螭紋，器身作高足形，腹外壁高浮雕穿雲螭，足上飾有紐繩紋一圈，上有一金環裝飾。
（512 文 / 蔡國樑）

234 / 517　　　　　　　　　　P.084
西漢｜白玉伸首龍螭鳳紋觿形珮
高 5.5 公分　寬 4 公分

白玉質，局部有淺層灰皮。整器以盾牌形觿形珮裝飾，中心開孔處浮雕一龍，身軀蜿蜒穿梭至背面，龍首再以高浮雕攀附主體邊緣引頸凝望，兩面尚有淺浮雕螭龍、螭鳳，螭獸的肢體在正背面之間相互交錯，繁而不亂。
（517 文 / 蔡國樑）

235 / 621　　　　　　　　　　P.087
西漢｜白玉龍鳳紋韘形珮
高 12 公分 寬 4.3 公分

白玉，局部有黃褐色沁斑，鏤空片雕，飾以雙龍
一鳳環繞於玉韘周圍，紋飾有雲紋、網格紋、鱗
紋、花葉紋，此器為饋贈與佩戴之用。
（621 文 / 吳振仲）

236 / 548　　　　　　　　　　P.099
西漢｜白玉龍鳳紋雙管瑓
長 6 公分 寬 2.5 公分

玉質細膩油潤，有蠟狀光澤，屬羊脂白玉，局部
有黃香沁痕，連體雙管對穿圓孔，上飾高浮雕龍
鳳紋，型態自然生動。
（548 文 / 徐嘉慶）

237 / 552　　　　　　　　　　P.109
西漢｜玉全珮
三鳥環　直徑 7 公分 最寬處 9.8 公分 厚 0.6 公分
雙龍珮　橫寬 10.9 公分 高 6.8 公分 厚 0.7 公分
犀形璜　橫寬 12.2 公分 高 5.8 公分 厚 0.6 公分
小豬　　高 0.9 公分 長 1.5 公分
小瑓　　高 2.1 公分 長 1.3 公分
小獸　　高 1.5 公分 長 1.9 公分
小瓶　　高 2.9 公分 長 2.9 公分

和闐白玉，全器分為三鳥環、雙龍珮、犀形璜、
玉瓶、玉熊、管瑓、玉虎等共十二件組成全珮，
局部有褐紅、褐黃色土沁，三鳥環、雙龍珮、管
瑓飾鉤連雲紋，犀形璜飾穀紋，組件中以三鳥環、
雙龍珮、犀形璜為主件，其他玉飾為珠、瑀，均
極具藝術價值。
（552 文 / 徐嘉慶）

238 / 701　　　　　　　　　　　　P.116
西漢｜白玉咬尾龍
高 7.5 公分 寬 5 公分

白玉質，表面有淡黃色土沁與白化現象。龍張口
銜尾，身軀環繞為圓形，尾部捲曲，頭部鬃鬚上
翹並向後飄捲。線條流暢，工藝精美。此玉為佩
飾與把玩之器。
（701 文／洪沛璔）

239 / 702　　　　　　　　　　　　P.116
西漢｜白玉龍鳳紋出廓璧
高 8.3 公分 寬 5.2 公分

和闐白玉，玉質瑩潤通透，表面有黃香沁痕。此
為出廓系璧，璧上方雙龍盤旋，間飾以雙身虬紋，
玉璧為雙環系璧，以內外雙重環構成，全器飾有
獸面紋、虬紋、雲紋、龍紋、鱗紋、網格紋等，
工藝精湛，打磨精細，雙龍首中有一圓孔，可繫
繩佩戴。
（702 文／洪沛璔）

240 / 618　　　　　　　　　　　　P.117
西漢｜白玉捲尾龍鳳紋珮
高 6.3 公分 寬 6.4 公分

白玉，玉質通透油潤，局部有鐵沁呈黃褐色與淺
褐色。龍呈環形咬尾狀，雙角後捲，怒目，尾部
分岔，一側延伸至環內成鳳首，此器可佩戴或為
把玩之用。
（618 文／吳振仲）

241 / 612　　　　　　　　　　　　P.119
西漢｜白玉龍鳳紋珮
高 8.7 公分 寬 9 公分

白玉質，泛蠟狀光澤，局部有淺褐色沁痕，雙面
雕，正面浮雕飾龍馬，背面刻鳳首，頸部皆飾有
羽紋，捲尾，龍身及隙地襯以雲紋，象徵翱翔於
天際，雕工精細，線條流暢。
（612 文／吳振仲）

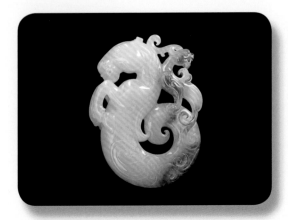

242 / 635　　　　　　　　　P.117
西漢｜白玉龍馬玉飾
高 7.5 公分　寬 5.6 公分

白玉，玉質瑩潤透亮泛玻璃光，局部有黃褐色鐵
沁斑。龍馬作飛騰跳躍狀，昂首抬腳，尾部向後
回捲，上立一圓雕龍首鳳尾瑞獸，獸飾有羽翼，
龍馬身飾淺浮雕穿雲螭。構圖巧思，琢工精緻。
(635 文 / 吳振仲)

243 / 532　　　　　　　　　P.126
西漢｜白玉獸首螭鳳紋雙聯帶鉤
長 17.5 公分

白玉，玉質溫潤，有油質光澤。鉤作獸首雙聯形，
雙聯尾端各飾獸首，鉤身以高浮雕飾螭龍、螭鳳
紋，隙地以陰線飾鉤連雲紋，背面鉤柱雕琢四瓣
柿蒂紋。
(532 文 / 蔡國樑)

244 / 536　　　　　　　　　P.127
西漢｜白玉雙龍首鉤連雲紋帶鉤
長 16.5 公分

白玉，玉質溫潤，泛油質光澤，局部有褐色、淺
褐色沁痕與淺層灰皮。器作帶鉤形，以獸首飾鉤
首，龍首飾鉤尾，鉤身滿飾鉤連雲紋，鉤柱琢成
圓角方形，整器琢工精緻佈局流暢。
(536 文 / 蔡國樑)

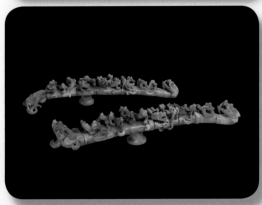

245 / 543　　　　　　　　　P.129
西漢｜白玉七節雙龍首九龍紋帶鉤一對
長 34.4 公分

和闐白玉，全器沁呈褐色，精雕漢代威猛高浮雕
螭龍九條，象徵帝王威權，此帶鉤器形碩大，推
斷為宮廷擺設或政治餽贈之用。
(543 文 / 徐嘉慶)

246 / 530　　　　　　　　　　P.142
西漢｜白玉巧雕獸鈕帶璲
寬 3.2 公分 高 7.7 公分

白玉及黑色玉，玉質溫潤半透明，有油質光澤。
長方體，上有白玉神獸飾鈕，下為與石墨共生白
玉飾璲，璲浮雕雲紋，中有銎，可穿繫革帶。
（530 文／蔡國樑）

247 / 526　　　　　　　　　　P.143
西漢｜白玉螭龍紋出廓劍璏
長 10.5 公分 厚 1.7 公分

白玉，玉質溫潤，有油質光澤，局部有黑色沁痕，
長方形，一端斜平，一端垂捲，器表以淺浮雕飾
螭龍紋獸身，螭龍首出廓於一端，龍嘴回首銜住
劍璏玉沿，呈立體透雕工藝，背面有長方形銎，
銎孔打磨平直，無使用痕跡。
（526 文／蔡國樑）

248 / 527　　　　　　　　　　P.143
西漢｜白玉螭龍紋劍璏
長 11.2 公分 厚 1.4 公分

白玉，玉質溫潤，有油質光澤，局部有褐色沁斑
及灰皮，玉體呈長方板形，一端斜平，一端垂捲，
玉表以減地隱起法飾獸面紋與變形雲紋，紋飾規
整對稱，背面有長方形銎，銎內有褐黑色鐵沁，
有使用痕跡。
（527 文／蔡國樑）

249 / 544　　　　　　　　　　P.144
西漢早期｜白玉劍飾器一組
劍首　直徑 6.1 公分 最寬處 8.2 公分 高 4.3 公分
劍璏　橫寬 8.8 公分 厚 4 公分 深 5.5 公分
劍璏　長 12.3 公分 厚 4 公分 橫寬 2.9 公分
劍珌　長 7.8 公分 底寬 6.9 公分 厚 4.5 公分

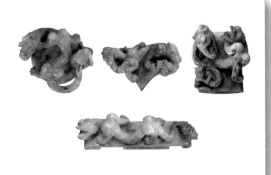

白玉，玉質溫潤，局部土蝕鐵沁及沾附銅綠鏽斑，
劍飾器一組共四件，高浮雕威猛螭龍，立體神獸
集鏤空雕、圓雕、浮雕工藝於一體，線條犀利流
暢，動態感表現無遺，極具戰國遺風，堪稱西漢
稀有精品。此劍飾器個體碩大，非實用器，應屬
政治餽贈、酬庸之用
（544 文／徐嘉慶）

250 / 623　　　　　　　　　　P.153

西漢｜銅鎏金嵌青玉鋪首一對

左　高 19 公分　寬 13 公分

右　高 19 公分　寬 13.3 公分

青玉，整體受土沁、鐵沁、銅綠沁而呈現多種沁色，開窗處可明顯辨為青玉質。玉鋪首鑲嵌於銅鎏金內，玉器正面為獸面紋、雲紋、繩紋，左右鑲嵌鎏金雙螭虎，下方為朱雀衛玉環。戰國至漢的陵墓石門都有銅鎏金鋪首，也有銅嵌玉，少數以整塊玉雕琢而成。

（623 文／吳振仲）

251 / 620　　　　　　　　　　P.166

西漢｜白玉圓雕玉人

高 8.8 公分　寬 2.8 公分

白玉，玉質瑩潤通透，局部有灰皮，內部有黑色質變斑。玉人頭飾雙髻，上衣著右任短服，長褲，細束腰，雙手置於腿部兩側，從造型與服飾判斷，應為女童，頂部有通心穿，可繫繩佩戴。

（620 文／吳振仲）

252 / 614　　　　　　　　　　P.171

西漢｜白玉辟邪獸（天祿）

高 6.5 公分　寬 10 公分

白玉，玉質光潔油潤，表面有輕微土沁。天祿挺胸跨步向前，張口露齒，雙眼怒視上方，兩側淺浮雕羽翼，捲尾，前肢微彎呈匍匐狀。此玉器為陳設、把玩、餽贈之用。

（614 文／吳振仲）

253 / 615　　　　　　　　　　P.172

西漢｜白玉辟邪獸（天祿）

高 6.2 公分　寬 12.5 公分

白玉，微泛青，玉質油潤透亮，玉表有淺層灰皮，尾部受土中鐵質所沁，呈黃褐色，後肢有黑色質變班。天祿張口嘶吼，雙眼怒視前方，捲尾，胸前飾有鱗紋，兩側有羽翼。

（615 文／吳振仲）

254 / 540　　　　　　　　P.174
西漢｜黃玉瑞獸
長 8.5 公分 高 6.5 公分

黃玉，局部有褐色沁痕，玉質溫潤，有蠟狀光澤。
圓雕瑞獸，頭生一角，慈眉順目，張嘴露齒，四
肢健壯有力，身紋簡練近光素。呈嬉戲狀，姿態
溫順而顯歡快靈動。
(540 文 / 蔡國樑)

255 / 700　　　　　　　　P.179
西漢｜白玉辟邪獸
高 4.8 公分 長 16 公分

白玉，玉質通透油潤，局部有白化及灰皮，內部
有黑色點狀質變斑。辟邪獸作前行狀，眼平視，
張口露齒，頭生雙角，眉高眼大，鼻翼開闊，頸
部粗短，昂首向前，尾部捲曲，兩側飾有羽翼，
身軀前低後高，跨步行走姿態生動活現，此為陳
設、把玩之用。
(700 文 / 洪沛璔)

256 / 609　　　　　　　　P.188
西漢｜青黃玉鐵沁仙人奔馬
高 9.6 公分 寬 12.8 公分

青黃玉質，大部份受銅、鐵所沁，玉表呈淺褐色、
褐色沁痕並附有銅綠鏽、鐵鏽斑，局部有白化現
象。玉馬呈騰空奔馳狀，兩側出羽翼，踏座底部
刻有雲紋，仙人著羽服，右手扶於馬頭，左手持
靈芝，似仙人騎天馬為主人採持長生仙藥。
(609 文 / 吳振仲)

257 / 524　　　　　　　　P.197
西漢｜白玉圓雕朱雀
長 9.3 公分 寬 4 公分 高 6.4 公分

白玉，玉質透潤，有油質光澤，局部有深褐色斑
痕。玉呈圓雕朱雀，圓眼，收頸，頭飾鳳翎，胸
飾桓雲紋，雙翼收起，體作孵卵姿態，全器散發
高雅端莊的氣韻。
(524 文 / 蔡國樑)

258 / 516　　　　　　　　　　P.197
西漢｜白玉圓雕朱雀
橫寬 9.8 公分 高 4.9 公分 厚 3.7 公分

白玉，泛青，表面佈有淺層灰皮，開窗處可辨為
溫潤白玉，正確盤玩可恢復溫潤玉性。器形作圓
雕朱雀，雀身作收頸伏翅休憩狀，尾翎向後延伸
於末端蜷起，整體雕琢生動。
（516 文／蔡國樑）

259 / 529　　　　　　　　　　P.200
西漢｜黃玉圓雕鳳鳥
長 9 公分 高 2.5 公分

黃玉，玉質潤澤，泛油質光澤，局部有褐色、深
褐色沁斑與淺層灰皮。整體為圓雕鳳鳥，圓眼，
鉤喙，頸前伸，頭頂羽冠，雙翼後展，尾翎回捲，
整體雕琢細膩，動感十足。
（529 文／蔡國樑）

260 / 801　　　　　　　　　　P.207
西漢｜玉牛
長 18 公分 高 18 公分 寬 7 公分

青玉，全器多黃褐色土沁，開窗部分可見溫潤青
玉，並有油脂光澤，圓雕昂首立牛，底有托板，
牛角微彎，圓眼有神，雙耳以空心管鑽成，尾部
陰線細琢，牛身健碩富有肌肉，四肢粗壯立於托
板上。
（801 文／何滄霄）

261 / 613　　　　　　　　　　P.173
東漢｜青黃玉辟邪獸一對
左　高 10.5 公分 寬 12.3 公分
右　高 10.5 公分 寬 12.5 公分

青黃玉質，玉表有白化現象與灰皮。辟邪獸張口
露齒，抬頭挺胸，雙眼怒視上方，作嘶吼狀，下
顎鬍鬚連於胸前，額後有一長方型榫座，背部則
為圓型孔柱，兩側浮雕羽翼，此器應為某特殊用
途的插件底座。可參考陝西省寶雞市博物館藏東
漢青玉辟邪。
（613 文／吳振仲）

262 / 433　　　　　　　　　　　　P.094
東漢｜白玉剛卯
高 2.4 公分

白玉，玉質通透，局部有褐色與淺褐色沁痕，長方體，四面有陰刻銘文，從銘文內容可知，屬佩戴用辟邪之物。
（433 文／蔡國樑）

263 / 025　　　　　　　　　　　　P.231
東漢｜白玉八刀握豬
長 12 公分

白玉，泛青，半透明，有白色翳斑及褐色沁痕。豬作長條形，圓雕而成，四足前伸作伏臥狀，兩端平齊，以斧劈法琢出嘴、眼、鼻，形狀完整，刀法為俗稱的漢八刀。
（025 文／蔡國樑）

264 / 035　　　　　　　　　　　　P.189
東漢｜白玉仙人奔馬一對
長 7.8 公分　高 3 公分

白玉，微泛青，玉質溫潤半透明，局部有灰皮及少量硃砂附著；圓雕一對騎馬仙人，大眼，高鼻，下巴微尖，手持靈芝，座馬張口露齒，四足騰躍，腳踏祥雲板，作飛奔狀。
（035 文／蔡國樑）

265 / 057　　　　　　　　　　　　P.223
東漢｜白玉八刀含蟬
長 7.8 公分

白玉，微泛青，玉質油潤半透明，局部有硃砂附著及灰皮，圓雕，蟬體扁平狀，中心稍厚，雙目外凸，以斜刀及陰線分別琢出頭、胸、腹、背及雙翅，造型簡樸，形象典雅逼真。
（057 文／蔡國樑）

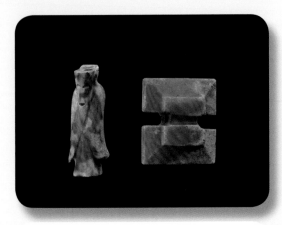

266 / 383B2　　　　　　　　　　　　　　　P.092

東漢 至 宋　|　翁仲、工字璧

翁仲　　高 3.5 公分

工字璧　高 2.7 公分

翁仲、工字璧，黃玉，微泛青，局部灰皮，翁仲
寬衣博袖，有上下通心穿，工字璧形像「工」字
而得名，也有通心穿。

(383 文 / 蔡國樑)

267 / 502　　　　　　　　　　　　　　　P.167

東漢｜黃玉圓雕舞人

高 11.9 公分 寬 9.5 公分

黃玉，泛青，全器有褐色沁斑，開窗處玉質油潤。
舞人髮束於頂，面紋與衣紋刻劃簡練，敞領右衽，
雙手高舉於肩，長袖捲蕩，腰臀微曲，左腿輕勾，
呈現舞者於旋律銜接處將動未動的瞬間，尤以舞
袖微遮敞領處更顯媚態。

(502 文 / 蔡國樑)

268 / 503　　　　　　　　　　　　　　　P.167

東漢｜黃玉圓雕舞人

高 11.9 公分 寬 10 公分

黃玉，泛青，全器有褐色沁斑，開窗處玉質油潤。
舞人髮束於頂，面紋與衣紋刻劃簡練概括，敞領
右衽，腰扭微蹲，右腿輕勾，雙手揮灑舞袖，呈
現舞者於舞蹈中扭腰轉瞬即逝的嬌媚。

(503 文 / 蔡國樑)

269 / 625　　　　　　　　　　　　　　　P.172

東漢｜白玉辟邪獸（天祿）

高 7.5 公分 寬 11.5 公分

白玉，玉質油潤通透，本件似經陳列一段時間，
玉表漸呈淺秋葵色，呈半熟坑狀態，尾端灰褐色。
辟邪獸以前行姿態直視前方，口微張露齒，肌肉
健壯，尾遁地有聲，兩側飾有羽翼，屬陳設、把
玩之器。

(625 文 / 吳振仲)

漢以後

270 / 355　　　　　　　　　　P.113
三國｜白玉螭虎紋鏤空延年珩
長 12.6 公分　高 5.4 公分

白玉，玉質油潤半透明，邊角處有淺層灰皮，片
狀，外形如磬，透雕相背雙螭龍紋，龍張嘴露齒，
眼隨龍首成三角形，頭生分岔且粗壯的捲角，兩
龍之間有梯形飾條，上透雕「延年」二字。
(355 文 / 蔡國樑)

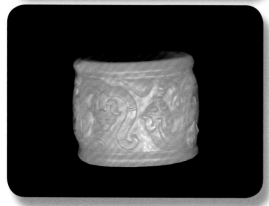

271 / 224　　　　　　　　　　P.089
六朝｜白玉穿雲螭紋髮束
高 2.7 公分　口徑 3.1 公分

白玉，玉質油潤半透明，局部有淺層灰皮，短圓
管形，兩端琢出稜邊，中飾穿雲螭紋，轉折趨向
柔軟，但仍有漢代遺風。
(224 文 / 蔡國樑)

272 / 537　　　　　　　　　　P.164
唐代｜青白玉胡人獻貢立像
高 6.5 公分

青白玉質，玉質溫潤半透明，一側局部有深褐色
凹陷沁斑，器作胡人圓雕立像，寬臉，擴耳，身
著長袍，衣紋皺折自然，衣襬末端露有翹頭鞋，
手持一壺，作恭敬狀，情感表露無遺。
(537 文 / 蔡國樑)

273 / 518、519　　　　　　　　　P.183

唐代｜白玉神獸一對

左　深 10.9 公分　寬 4.6 公分　高 12.8 公分
右　深 10.5 公分　寬 4.1 公分　高 13 公分

白玉質，微泛青，局部有褐色、淺褐色沁痕，玉質溫潤，有玻璃光澤。此神獸一對兩尊，採端坐姿態，前足直伸，後足蹲坐，雙眼微凸，張嘴露齒，收頸昂首，雙翼微張，整體雕琢細緻入微。
（518、519 文／蔡國樑）

274 / 630　　　　　　　　　　　　P.184

唐代｜白玉走龍

高 7.8 公分　寬 12.5 公分

白玉，玉質油潤透亮，局部有褐色、褐紅色鐵沁，內部有黑點狀質變斑。龍做行走狀，龍回首凝望鳳鳥，龍身修長纖細，尾部捲曲，龍鳳四目相對口鼻相連，象徵龍鳳和鳴。此玉器做陳設、餽贈、把玩之用。
（630 文／吳振仲）

275 / 391b2　　　　　　　　　　　P.088

宋代｜延壽文玉班指

高 2.7 公分

玉受沁呈黃色，玉質溫潤有油質光澤，短管形，一端平口，一端斜口，玉表淺浮雕狻猊、鷹及「延壽」二字。
（391b2 文／蔡國樑）

276 / 383B3　　　　　　　　　　　P.095

宋 至 明｜翁仲、剛卯、司南珮

翁仲　　高 3.4 公分
剛卯　　高 2.7 公分
司南珮　高 3.5 公分

翁仲、剛卯皆為白玉質，局部有水銀沁，司南珮為青黃玉質，泛青，一端為小湯勺，另一端為小盤。
（383 文／蔡國樑）

277 / 307　　　　　　　　　P.130
元代｜白玉海東青繫鵠大帶扣
長 16.8 公分

白玉，玉質油潤半透明，局部有灰皮。一組兩件，
一鉤一環，鉤、環表面均以高浮雕鏤刻海東青鶻
捕天鵝的情形，史載捕天鵝時放海東青鶻追捕，
身形較小的鶻會抓住鵝頭，迫其降下，再由獵犬
擒捉。這種精細刻劃鶻擒天鵝的瞬間動態，流行
於遼、金、元時期。
(307 文 / 蔡國樑)

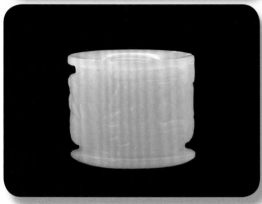

278 / 391b4　　　　　　　　　P.088
元代｜白玉獸面紋班指
高 3.1 公分

和闐白玉，微泛青，玉質細膩溫潤，有油質光澤，
全器浮雕三頭獸首，器表打磨光滑。
(391b4 文 / 蔡國樑)

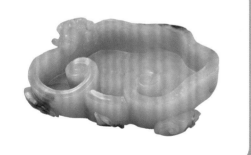

279 / 513　　　　　　　　　P.076
元 至 明｜黃玉螭龍紋如意形水洗
長 9 公分 寬 6.5 公分 高 3 公分

黃玉，泛青，局部有褐色沁痕，玉質通透，有油
質光澤。以整塊玉圓雕而成，器呈如意形，正面
掏空並打磨光滑，外壁高浮雕一螭龍攀附於口
沿，作向內探首狀，器底以浮雕飾梅段、靈芝，
工藝精湛。
(513 文 / 蔡國樑)

280 / 534　　　　　　　　　P.208
元代｜白玉魚化龍
長 14.3 公分 高 6 公分

白玉，微泛青，玉質油潤，局部有砂眼狀土蝕，
屬沙水坑口。魚首化龍，凸眼，張嘴露齒，頭生
一角，背鰭峰谷高低連綿，尾鰭上卷，猶現肌肉
彈性，凸顯元代圓雕動物工藝特徵。
(534 文 / 蔡國樑)

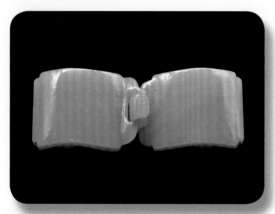

281 / 311　　　　　　　　　　P.131
明代｜白玉帶扣
長 11.4 公分　寬 4.2 公分

白玉，微泛青，玉質油潤半透明，一鉤一環，鉤
首淺浮雕獸首，鉤身與環光素無紋，背部均有銎，
用以穿帶。
（311 文 / 蔡國樑）

282 / 391b3　　　　　　　　　P.088
明代｜靈芝鹿紋班指
高 2.7 公分

淺褐色不透明和闐玉，因經歷數代盤玩已溫潤如
脂，器表淺浮雕口銜靈芝相互追逐之花鹿，極富
動感。
（391b3 文 / 蔡國樑）

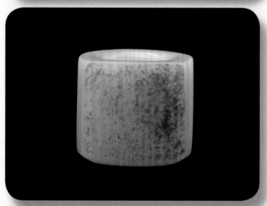

283 / 391b5　　　　　　　　　P.088
清代｜白玉灑金班指
高 3.2 公分

和闐白玉，玉質緻密溫潤。短管形，管面一處弧
平，一端平口，一端斜口，光素無紋，弧平面留
有黃色玉皮，俗稱灑金。
（391b5 文 / 蔡國樑）

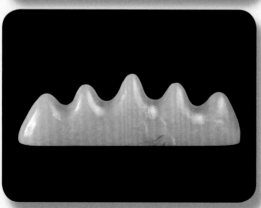

284 / 514　　　　　　　　　　P.077
清代｜白玉筆山
長 13.4 公分　寬 2.3 公分　高 4.3 公分

白玉，微泛青，玉質通透，整器作高低交錯接連
起伏的五座山，器表留有水坑沁痕，巧沁形成山
石林立的視覺美感，兩面則分別刻有「諸事樂天
然」與「萬觀咸自在」。
（514 文 / 蔡國樑）

參考資料

1. 故宮文物月刊 國立故宮博物院出版組
2. 古玉新詮 國立故宮博物院出版組
3. 古玉辨 藝術圖書公司
4. 中國玉器全集 河北美術出版社
5. 玉器 商務印書館
6. 關氏所藏中國古玉 香港中文大學文物館
7. 南越王墓玉器 廣西南越王墓博物館
香港中文大學文物館
8. 中國肖生玉雕 香港藝術館
香港市政局
9. 周原玉器 中華文物學會
10. 古玉精英 台灣中華書局股份有限公司
11. 東周吳楚玉器 藝術圖書公司
12. 中國古玉研究論文集續集 文物出版社
眾志美術出版社
13. 古玉鑑裁 國泰美術館
14. 良渚文化玉器 文物出版社
兩木出版社
15. 玉文化論叢 6 眾志美術出版社
16. 中國古代玉器 上海人民出版社
17. 滇國青銅藝術 雲南人民出版社
雲南美術出版社

國家圖書館出版品預行編目

古玉集釋 / 蔡國樑主編. -- 臺北市：中華文物
　收藏學會, 2021.08
　　面；　公分
　ISBN 978-986-90896-3-0(平裝)

　1. 古玉 2. 玉器 3. 蒐藏

794.4　　　　　　　　　　110012902

古玉集釋

顧　　問　蔡國樑

攝　　影　鄭偉華、蔡彥迪

校　　稿　廖元滄、蔡國樑

裝幀設計　蔡彥迪

發 行 人　蔡國樑

出版策劃　中華文物收藏學會
　　　　　116 台北市文山區汀州路四段207號7樓
　　　　　電話：+886-2-2325-2286

製作銷售　秀威資訊科技股份有限公司
　　　　　114 台北市內湖區瑞光路76巷69號2樓
　　　　　電話：+886-2-2796-3638
　　　　　傳真：+886-2-2796-1377

網路訂購　秀威書店：http://store.showwe.tw
　　　　　博客來網路書店：http://www.books.com.tw
　　　　　三民網路書店：http://www.m.sanmin.com.tw
　　　　　金石堂網路書店：http://www.kingstone.com.tw
　　　　　讀冊生活：http://www.taaze.tw

出版日期：2021年8月
定　　價：新台幣1500元